COMO DEUS TRANSFORMA A ANSIEDADE EM PAZ

O segredo bíblico para trocar preocupação por confiança

Estela Costa

COMO DEUS TRANSFORMA A ANSIEDADE EM PAZ

Direção Geral
Adriel Penkal Ribeiro

Coordenador Editorial
Giovanna Felipe

Editor
Silas Silva
Matheus Barrera

Revisão
Bernardo Atti

Projeto Gráfico & Diagramação
Hendrick Ventura

Capa
Editora Penkal

Dados Internacionais de Catalogação na Publicação (CIP)
(Câmara Brasileira do Livro, SP, Brasil)

Silva, Silas
Como Deus transforma ansiedade em paz / Silas Silva, Matheus Barrera. -- Londrina, PR : Livrarias Família Cristã, 2025.

ISBN 978-65-277-0287-0

1. Ansiedade - Aspectos religiosos - Cristianismo
2. Paz - Aspectos religiosos - Cristianismo
3. Presença de Deus 4. Transformação espiritual
I. Barrera, Matheus. II. Título.

25-254189 CDD-248.4

Índices para catálogo sistemático:

1. Presença de Deus : Vida cristã : Cristianismo 248.4

Eliane de Freitas Leite - Bibliotecária - CRB 8/8415

R. Antônio Sabino, 203 - Parque Industrial - Ibiporã - PR
www.livrariasfamiliacrista.com.br

Sumário

INTRODUÇÃO

Este livro é um convite para que você descubra como a presença de Deus pode transformar seus medos em confiança e sua inquietação em descanso. Em meio às lutas da vida, há uma verdade inabalável: Deus não nos criou para vivermos presos à ansiedade, mas para desfrutarmos de sua paz em todas as circunstâncias. Aqui, você encontrará reflexões baseadas na Palavra de Deus, repletas de ensinamentos que mostram como a confiança nele é o segredo para um coração tranquilo.

À medida que você mergulha nas páginas deste livro, será encorajado a olhar para além das dificuldades e a reconhecer que, em Deus, há uma fonte inesgotável de segurança e esperança. A paz que ele oferece não é passageira, nem depende das circunstâncias externas, mas é fruto de um relacionamento profundo e contínuo com o Criador. A jornada de transformação começa com uma decisão simples: confiar que Deus está no controle e que sua fidelidade é suficiente para acalmar a tempestade interior.

Se você tem enfrentado momentos de inquietação, se sente sobrecarregado por pensamentos incessantes ou teme o futuro, saiba que há uma resposta em Deus. Ele nos convida a entregar nossas preocupações em suas mãos, a descansar em suas promessas e a viver cada dia com a certeza de que ele cuida de nós. Que este livro seja uma ferramenta para ajudá-lo a trilhar esse caminho e experimentar a paz que só Deus pode oferecer.

Capítulo 01

A NATUREZA DA ANSIEDADE HUMANA

A raiz da ansiedade

A ansiedade é um dos desafios mais comuns da experiência humana, e sua raiz frequentemente está ligada a três elementos centrais: o medo, o desejo de controle e a incerteza quanto ao futuro. Desde o princípio, o ser humano lida com o temor do desconhecido, a necessidade de segurança e a tentativa de antecipar eventos que fogem ao seu domínio. No entanto, a Bíblia nos mostra que a ansiedade não é apenas uma reação natural às circunstâncias, mas um reflexo da fragilidade do coração humano diante de uma realidade inconstante. Em Filipenses 4:6-7, somos exortados a não nos inquietarmos por nada, mas, em tudo, apresentar nossas necessidades diante de Deus, com ações de graças, recebendo em troca a paz que excede todo entendimento. Essa passagem revela que a ansiedade surge quando tentamos carregar sozinhos o peso do futuro, em vez de confiar na soberania de Deus.

O medo é uma das raízes mais profundas da ansiedade. Ele se manifesta na preocupação constante com o que pode acontecer, na antecipação de cenários negativos e na dificuldade de descansar no presente. Muitas vezes, esse medo está relacionado à falta de confiança no caráter de Deus, que é descrito nas Escrituras como um Pai amoroso e fiel. Jesus, em Mateus 6:25-34, nos ensina a não nos preocuparmos com o dia de amanhã, apontando para o cuidado divino sobre a criação como evidência de sua provisão constante. A ansiedade, nesse contexto, revela uma luta interna entre o desejo humano de segurança e a necessidade de dependência total em Deus. Quando tentamos prever e controlar cada detalhe da vida, acabamos sobrecarregados por um fardo que nunca fomos chamados a carregar.

O desejo de controle é outra raiz da ansiedade. O ser humano tem uma inclinação natural a buscar domínio sobre sua vida, seus relacionamentos e seu futuro. No entanto, essa busca pelo controle frequentemente gera frustração e angústia, pois esbarramos em nossa limitação diante de eventos que estão além da nossa capacidade de gerenciamento. Provérbios 3:5-6 nos lembra da importância de confiar no Senhor de todo o coração e não nos apoiarmos em nosso próprio entendimento. A verdadeira paz surge quando entregamos o controle a Deus e reconhecemos que ele tem planos maiores e melhores do que podemos compreender. Muitas vezes, a ansiedade se intensifica porque insistimos em segurar as rédeas da vida, quando, na realidade, fomos chamados a andar por fé e não por vista.

A incerteza também desempenha um papel significativo no surgimento da ansiedade. A vida é repleta de incertezas. Saúde, relacionamentos, finanças, carreira e muitas outras áreas podem mudar de repente, tornando-nos vulneráveis. Entretanto, a Palavra de Deus nos ensina que, mesmo em meio à incerteza, podemos ter uma esperança firme. Hebreus 6:19 afirma que temos essa esperança como âncora da alma, firme e segura. Quando fixamos nossos olhos em Cristo, conseguimos enfrentar as incertezas com a convicção de que Deus está no controle e seu plano se cumpre no tempo certo.

A ansiedade, portanto, é um sintoma de um coração que luta para confiar plenamente em Deus. É a tentativa humana de encontrar segurança em meios próprios, esquecendo-se de que a verdadeira segurança vem daquele que sustenta todas as coisas pela palavra do seu poder. Deus nos chama a trocar o medo pela fé, o desejo de controle pela entrega e a incerteza pela esperança em suas promessas. Ao meditarmos nas Escrituras e buscarmos uma comunhão constante com ele, podemos encontrar um refúgio seguro para nossas almas inquietas.

Reconhecer as raízes da ansiedade é o primeiro passo para experimentar a verdadeira paz. À medida que identificamos os medos ocultos, a necessidade de controle e as incertezas que nos cercam, podemos submetê-los a Deus, confiando que ele é capaz de nos conduzir com segurança. Encontramos alívio ao depositar nossas preocupações em suas mãos, sabendo que ele nos fortalece e nos ampara em cada situação. Quando escolhemos confiar plenamente, somos envolvidos por uma paz que dissipa o temor e nos permite caminhar com mais leveza e segurança.

Assim, ao invés de permitir que o medo, o desejo de controle e a incerteza dominem nossos corações, somos chamados a viver pela fé, entregando cada inquietação ao Senhor e encontrando nele a paz que tanto buscamos.

O homem diante do desconhecido

A fragilidade da existência humana é uma realidade inegável. Desde os primórdios da criação, o ser humano se vê confrontado com sua limitação diante do vasto desconhecido que permeia a vida. Somos seres finitos, vivendo em um mundo repleto de incertezas, mudanças e desafios que escapam ao nosso controle. Essa consciência da vulnerabilidade gera inquietação, levando muitos a uma busca incessante por segurança e estabilidade. No entanto, as Escrituras nos ensinam que, em meio a essa fragilidade, existe uma esperança firme, fundamentada em Deus, aquele que é eterno e imutável. Salmos 103:15-16 descreve a condição humana de forma vívida: *A vida do homem é semelhante à relva; ele floresce como a flor do campo, que se vai quando sopra o vento; e nem se sabe mais o lugar que ocupava.* Essa realidade nos lembra que somos passageiros nesta Terra, mas ao mesmo tempo, convida-nos a confiar na fidelidade de Deus, que permanece para sempre.

Diante do desconhecido, o homem frequentemente tenta construir muros de proteção, baseando sua segurança em bens materiais, relacionamentos ou conquistas pessoais. Contudo, essas coisas são temporárias e insuficientes para preencher o vazio existencial. O livro de Eclesiastes apresenta um testemunho poderoso dessa busca humana por significado, concluindo que tudo é "vaidade" sem a presença de Deus. A verdadeira segurança não está em evitar o desconhecido, mas em confiar no Criador que governa todas as coisas. Em Isaías 26:3, encontramos uma promessa encorajadora: *Tu guardarás em perfeita paz aquele cujo propósito está firme, porque em ti confia.* Assim, mesmo diante da incerteza, somos chamados a firmar nossos corações em Deus, aquele que sustenta nossa existência.

A fragilidade humana também é evidenciada pela inevitabilidade do sofrimento e da dor. Todos, em algum momento, enfrentam perdas, desafios e revezes inesperados que revelam nossa impotência diante das circunstâncias da vida. Jó, um homem justo e íntegro, experimentou essa realidade de maneira intensa ao perder tudo o que possuía. No entanto, em meio à sua dor, ele declarou: *Eu sei que o meu Redentor vive, e que no fim se levantará sobre a terra* (Jó 19:25). Essa declaração de fé aponta para uma verdade essencial: mesmo em nossa fragilidade, podemos encontrar segurança no fato de que Deus está no controle e jamais nos abandona.

Outro aspecto que intensifica nossa sensação de vulnerabilidade é a falta de conhecimento sobre o futuro. Não sabemos o que nos espera amanhã, e essa realidade muitas vezes gera ansiedade e temor. Tiago 4:14 nos lembra dessa incerteza ao dizer: *Vocês nem sabem o que lhes acontecerá amanhã! Que é a sua vida? Vocês são como a neblina que aparece por um pouco de tempo e depois se dissipa.* No entanto, esse versículo não é um convite ao desespero, mas um lembrete para confiarmos na soberania de Deus, reconhecendo que nossa existência está nas mãos dele.

Deus nos chama a enfrentar nossa fragilidade com humildade e confiança. Ao invés de nos desesperarmos diante do desconhecido, devemos aprender a depender do Senhor em cada passo da jornada. Em 2 Coríntios 12:9, Paulo registra as palavras de Deus a respeito de sua fraqueza: *Minha graça é suficiente para você, pois o meu poder se aperfeiçoa na fraqueza.* Esse ensinamento nos revela que nossa fragilidade não é um obstáculo para a ação divina, mas um convite para experimentarmos sua graça de forma mais profunda.

A fragilidade da existência humana não deve ser encarada como um fardo insuportável, mas como uma oportunidade de nos rendermos completamente ao cuidado de Deus. Ele nos criou com propósito, e mesmo em meio às incertezas da vida, podemos confiar que ele nos guiará com amor e sabedoria. Salmo 46:1 declara: *Deus é o nosso refúgio e fortaleza, auxílio sempre presente na adversidade.* Essa verdade nos encoraja a enfrentar o desconhecido não com medo, mas com a certeza de que nunca estamos sozinhos.

Assim, reconhecer a fragilidade da vida não significa sucumbir ao desespero, mas encontrar descanso na promessa de que Deus sustenta cada detalhe de nossa existência. Ele nos convida a lançar sobre ele toda a nossa ansiedade, porque cuida de nós (1 Pedro 5:7), e a viver cada dia com a confiança de que, mesmo diante do desconhecido, ele é fiel para nos conduzir em segurança.

Exemplos e lições do passado

A ansiedade é uma realidade presente desde os tempos antigos, e diversos relatos históricos apresentam pessoas que enfrentaram momentos de inquietação, medo e incerteza.

Esses exemplos mostram como a ansiedade afetou até mesmo indivíduos de grande fé, evidenciando que esse sentimento é comum e pode ser superado por meio da confiança em Deus. A narrativa das Escrituras não ignora a luta contra a ansiedade; pelo contrário, reconhece sua existência e oferece diretrizes claras para enfrentá-la. Assim, ensina-se que é possível lidar com as preocupações ao entregá-las nas mãos do Senhor, confiando em sua soberania e cuidado.

Um dos exemplos mais marcantes de ansiedade na Bíblia é o rei Davi. Nos Salmos, ele expressa repetidamente sua angústia diante das adversidades da vida. Em Salmo 55:22, ele declara: *Entregue suas preocupações ao Senhor, e ele o susterá; jamais permitirá que o justo venha a cair.* Davi experimentou perseguições, traições e incertezas quanto ao futuro, mas encontrou descanso ao derramar seu coração diante de Deus. Seu exemplo nos ensina que a ansiedade não precisa ser enfrentada sozinha, mas deve ser levada ao Senhor em confiança e rendição.

Outro personagem bíblico que lidou com a ansiedade foi o profeta Elias. Após uma grande vitória sobre os profetas de Baal, ele fugiu temendo pela sua vida ao ser ameaçado por Jezabel. Em 1 Reis 19:4, lemos que Elias chegou a pedir a Deus a morte, sentindo-se exausto e desanimado. Sua história ilustra como a ansiedade pode surgir mesmo após momentos de grande triunfo, quando a exaustão e o medo tomam conta do coração. No entanto, Deus, em sua misericórdia, cuidou de Elias, proporcionando-lhe descanso, alimento e uma nova perspectiva. Esse relato demonstra que a ansiedade pode nos levar ao esgotamento, mas Deus está sempre presente para restaurar nossas forças.

A história de Marta, irmã de Maria e Lázaro, também é um exemplo claro de ansiedade. Em Lucas 10:41-42, Jesus diz a Marta: *Marta, Marta, você está preocupada e inquieta com muitas coisas; todavia, apenas uma é necessária.* Marta estava tão envolvida com as preocupações da vida diária que perdeu a oportunidade de estar aos pés de Jesus, desfrutando de sua presença. Sua experiência nos alerta sobre como a ansiedade pode nos distrair do que realmente importa, desviando nosso foco da comunhão com Deus.

O próprio apóstolo Paulo enfrentou momentos de preocupação e ansiedade em seu ministério. Em 2 Coríntios 11:28, ele menciona o peso constante da preocupação com as igrejas, uma carga que carregava diariamente. No entanto, Paulo aprendeu a confiar na graça de Deus em todas as circunstâncias, ensinando-nos que, embora as preocupações da vida sejam reais, podemos encontrar paz ao depender totalmente de Cristo.

O maior exemplo de ansiedade registrado na Bíblia é o próprio Jesus no Getsêmani. Na véspera de sua crucificação, ele experimentou uma angústia profunda, a ponto de suar gotas de sangue (Lucas 22:44). Mesmo em meio à sua aflição, ele submeteu sua vontade ao Pai, dizendo: *Não se faça a minha vontade, mas a tua* (Lucas 22:42). A atitude de Jesus nos ensina que, quando entregamos nossas ansiedades a Deus em oração e submissão, encontramos força para enfrentar os desafios com coragem.

Esses exemplos bíblicos nos mostram que a ansiedade é uma experiência comum, mas não precisa dominar nossas vidas. A resposta que a Bíblia nos oferece é clara: devemos lançar nossas preocupações sobre Deus, confiar em sua providência e buscar sua presença como fonte de verdadeira paz. Em Mateus 6:34, Jesus nos lembra: *Portanto, não se preocupem com o amanhã, pois o amanhã se preocupará consigo mesmo.* Essa exortação nos convida a viver um dia de cada vez, confiando que Deus cuida de cada detalhe de nossa vida.

Assim, ao estudarmos os exemplos bíblicos de ansiedade, aprendemos que Deus não nos condena por sentir medo e inquietação, mas nos convida a depender dele em todas as circunstâncias. A lição que fica é que a paz verdadeira só pode ser encontrada quando colocamos nossa confiança em Deus, que nos sustenta com seu amor e fidelidade.

O chamado de Deus para confiar em meio à inquietação

A inquietação tem sido uma constante na história da humanidade. Desde os tempos mais remotos, as pessoas buscam segurança em meio às incertezas da vida, tentando encontrar refúgio em soluções humanas que, muitas vezes, se mostram insuficientes. No entanto, diante da ansiedade e do medo, Deus nos faz um chamado claro e amoroso: confiar nele em todas as circunstâncias. Esse chamado não é apenas um convite, mas uma orientação que demonstra a fidelidade e o cuidado do Criador por seus filhos. Quando abandonamos nossa autossuficiência e escolhemos confiar plenamente em Deus, encontramos direção e paz, sabendo que ele está à frente de nossos caminhos e conduzindo nossas vidas segundo sua perfeita vontade.

Outro aspecto importante do chamado de Deus para confiar está na sua provisão constante. Ele nos lembra de que nada está fora de seu controle e que todas as nossas necessidades estão diante dele. Filipenses 4:19 afirma: *O meu Deus suprirá todas as necessidades de vocês, de acordo com as suas gloriosas riquezas em Cristo Jesus.* Essa certeza nos permite descansar, mesmo quando enfrentamos tempos de escassez ou incerteza. A confiança em Deus não elimina os desafios, mas muda a maneira como os enfrentamos, colocando nossa esperança naquele que nunca falha.

Os exemplos bíblicos reforçam esse chamado à confiança. Abraão, por exemplo, foi desafiado a deixar sua terra e seguir para um lugar desconhecido, confiando apenas na promessa de Deus. Apesar da incerteza, ele obedeceu, demonstrando que a fé genuína se manifesta na entrega total. Hebreus 11:8 registra: *Pela fé Abraão, quando chamado, obedeceu e dirigiu-se a um lugar que mais tarde receberia como herança, embora não soubesse para onde estava indo.* A história de Abraão nos ensina que a confiança em Deus exige uma disposição de seguir mesmo quando não compreendemos completamente o caminho à frente.

Além disso, confiar em Deus implica reconhecer que ele tem o controle do tempo e das circunstâncias. Muitas vezes, nossa ansiedade surge porque queremos respostas imediatas, enquanto Deus trabalha em seu tempo perfeito. Em Eclesiastes 3:11, lemos que *Deus fez tudo apropriado a seu tempo.* Isso nos ensina que, mesmo quando não vemos mudanças instantâneas, podemos descansar na certeza de que Deus está agindo, cumprindo seus propósitos em nossa vida.

Responder ao chamado de Deus para confiar em meio à inquietação exige uma decisão consciente de entregar nossas preocupações a ele diariamente. Isso não significa ignorar nossas responsabilidades, mas reconhecer que há um limite para o que podemos fazer e que o restante pertence ao Senhor. A verdadeira confiança envolve rendição e dependência total daquele que nos conhece melhor do que nós mesmos. Quando escolhemos descansar em seu cuidado, encontramos alívio para a alma e força para enfrentar os desafios com serenidade e esperança.

Assim, ao aceitarmos o convite de Deus para confiar, encontramos descanso para nossas almas. Não precisamos carregar sozinhos o peso das preocupações, pois temos um Pai amoroso que nos sustenta e nos conduz em segurança, mesmo quando o caminho parece incerto.

Capítulo 02

A LUTA INTERIOR ENTRE MEDO E FÉ

02

O dilema da Fé

A vida cristã é marcada por uma escolha constante entre confiar em Deus ou ceder ao medo do futuro. Esse dilema acompanha a humanidade desde a Queda no Éden, quando Adão e Eva, ao duvidarem da palavra de Deus, experimentaram a insegurança e a incerteza pela primeira vez. Desde então, a ansiedade tem sido uma realidade persistente, levando muitos a se debaterem entre a fé e o temor pelo que está por vir. A Palavra de Deus, no entanto, nos ensina que a verdadeira segurança não se encontra na ausência de desafios, mas na confiança inabalável naquele que sustenta todas as coisas. Hebreus 11:1 define a fé como a *certeza daquilo que esperamos e a prova das coisas que não vemos*, enfatizando que a confiança em Deus nos permite caminhar com segurança, mesmo diante do desconhecido.

O dilema entre fé e medo é uma luta interna que se intensifica em momentos de incerteza. Quando enfrentamos desafios como problemas financeiros, questões de saúde ou decisões importantes, somos confrontados com a escolha de confiar na provisão e no cuidado de Deus ou sermos consumidos pela preocupação. A confiança em Deus nos convida a viver um dia de cada vez, acreditando que ele proverá para cada necessidade no tempo certo e segundo a sua vontade. Essa atitude de fé nos liberta do peso da ansiedade e nos permite caminhar com esperança, sabendo que não estamos sozinhos em nossa jornada.

A Bíblia nos apresenta inúmeros exemplos de pessoas que enfrentaram esse dilema e escolheram confiar em Deus. Um exemplo marcante é o de Pedro, que ao ver Jesus caminhando sobre as águas, ousou sair do barco em fé. No entanto, quando começou a focar na força do vento e das ondas, foi tomado pelo medo e começou a afundar. Mateus 14:30-31 relata que Jesus prontamente o segurou, repreendendo sua pouca fé. Essa experiência ilustra que, quando desviamos nossos olhos de Cristo e focamos nas circunstâncias, a ansiedade toma conta de nosso coração. Assim como Pedro, somos chamados a manter nossa confiança em Jesus, independentemente das tempestades ao redor.

Outro personagem que enfrentou o dilema entre fé e medo foi Josué. Ao assumir a liderança de Israel após a morte de Moisés, ele se viu diante do enorme desafio de conduzir o povo à Terra Prometida. Deus, conhecendo suas apreensões, encorajou-o repetidamente a ser forte e corajoso, lembrando-lhe de que sua presença estaria com ele em cada passo do caminho. Em Josué 1:9, Deus declara: *Não fui eu que lhe ordenei? Seja forte e corajoso! Não se apavore nem se desanime, pois o Senhor, o seu Deus, estará com você por onde andar.* Esse versículo nos lembra que a fé não é a ausência de medo, mas a decisão de confiar em Deus apesar dele.

A ansiedade surge quando tentamos antecipar o futuro e controlar o que está além de nossa capacidade. No entanto, Deus nos convida a descansar em sua soberania, lembrando-nos de que ele conhece cada detalhe de nossa jornada, do início ao fim. Essa certeza nos fortalece, pois sabemos que não estamos sozinhos em nossa caminhada. Podemos enfrentar o futuro com confiança, apoiados na convicção de que ele nos sustenta e guia com amor e fidelidade, conduzindo-nos em segurança através de cada desafio.

Para vencer o dilema entre fé e medo, é necessário desenvolver uma intimidade constante com Deus por meio da oração e da meditação em sua Palavra. Romanos 10:17 nos ensina que *a fé vem pelo ouvir, e o ouvir pela palavra de Cristo*. Isso significa que, quanto mais conhecemos a Deus e suas promessas, mais fortalecidos seremos para confiar nele, mesmo diante das incertezas.

Assim, o dilema entre crer ou temer o futuro é uma escolha diária que devemos fazer com base na confiança em Deus. Ele nos convida a lançar sobre ele toda a nossa ansiedade, pois cuida de nós, e a viver com a certeza de que seu plano é perfeito e que, em seu tempo, todas as coisas cooperam para o nosso bem.

A batalha da mente

A mente humana é um campo de batalha constante, onde pensamentos ansiosos e promessas divinas travam um embate silencioso, mas intenso. A ansiedade se infiltra por meio de preocupações, medos e cenários hipotéticos, preenchendo o coração com incerteza e inquietação. Muitas vezes, esses pensamentos se tornam um ciclo interminável de dúvidas que roubam a paz e obscurecem a verdade de Deus. No entanto, a Palavra nos ensina que há uma maneira de vencer essa batalha: submetendo nossos pensamentos à obediência de Cristo e fixando nossa mente nas promessas imutáveis de Deus. Em 2 Coríntios 10:5, Paulo nos exorta a levar *cativo todo pensamento, para torná-lo obediente a Cristo*, mostrando que a vitória sobre a ansiedade começa no controle daquilo que alimentamos em nossa mente.

A ansiedade frequentemente nasce do foco excessivo em problemas e dificuldades, ampliando as incertezas e diminuindo a confiança em Deus. Quando permitimos que os pensamentos ansiosos dominem, acabamos sendo consumidos por uma visão distorcida da realidade, na qual os desafios parecem insuperáveis e a presença de Deus parece distante.

Em Filipenses 4:8, somos instruídos a pensar naquilo que é verdadeiro, nobre, correto, puro, amável e digno de louvor, pois a renovação da mente é um processo essencial para experimentar a paz divina. Manter o foco nas promessas de Deus não significa ignorar os problemas, mas enxergá-los à luz do caráter fiel do Senhor.

As Escrituras estão repletas de promessas que oferecem segurança para uma mente ansiosa. Elas nos revelam que a verdadeira paz não é apenas um sentimento passageiro, mas o resultado de uma confiança inabalável em Deus. Quando escolhemos depositar nossa confiança nele e em suas promessas, encontramos um descanso genuíno, mesmo em meio às adversidades. Essa confiança nos fortalece, trazendo serenidade ao coração e a certeza de que não estamos sozinhos, independentemente das circunstâncias que enfrentamos.

Um dos exemplos mais marcantes da batalha entre pensamentos ansiosos e promessas divinas é encontrado na vida de Davi. Em diversos momentos, ele enfrentou situações de extrema dificuldade, perseguições e ameaças, mas sua resposta sempre foi voltar-se para Deus e declarar sua confiança nele. No Salmo 94:19, ele escreve: *Quando a ansiedade já me dominava no íntimo, o teu consolo trouxe alívio à minha alma.* Esse testemunho nos mostra que a presença de Deus é capaz de transformar o caos mental em serenidade, quando nos voltamos para ele em oração e adoração.

A batalha da mente também envolve reconhecer as mentiras que alimentam a ansiedade e substituí-las pela verdade de Deus. Muitas vezes, pensamentos de medo e insegurança nos fazem questionar o cuidado divino, levando-nos a acreditar que estamos sozinhos ou desamparados. No entanto, a Bíblia nos garante que Deus nunca nos deixará nem nos abandonará (Deuteronômio 31:8). Identificar essas falsas narrativas e combatê-las com a Palavra é uma estratégia essencial para vencer a ansiedade e fortalecer a fé.

A oração desempenha um papel fundamental nessa luta. Ao apresentarmos nossos pensamentos ansiosos a Deus, trocamos o peso da preocupação pela leveza de sua paz. Esse ato nos ensina a confiar plenamente, entregando nossas inquietações e reconhecendo que a verdadeira paz é capaz de proteger nossos corações e mentes, impedindo que a ansiedade domine nossos pensamentos. Mais do que uma solução prática, a confiança em Deus se revela como uma fortaleza que nos mantém seguros diante das incertezas da vida.

Além disso, a comunhão com o Espírito Santo é essencial para manter a mente firmada nas promessas divinas. Quando nos rendemos à orientação do Espírito, encontramos direção e discernimento para lidar com os desafios da vida sem sermos dominados pela ansiedade. Romanos 8:6 declara: *A mentalidade da carne é morte, mas a mentalidade do Espírito é vida e paz.* Isso nos ensina que a verdadeira paz está em viver segundo a vontade de Deus, permitindo que ele governe nossos pensamentos e emoções.

Assim, a batalha da mente contra os pensamentos ansiosos é vencida por meio da confiança nas promessas divinas, da renovação contínua da mente e da entrega sincera a Deus. Ele nos chama a substituir a preocupação pela oração, o medo pela fé e a incerteza pela certeza de que ele é soberano sobre todas as coisas. Ao fazermos isso, experimentamos a paz que transcende qualquer entendimento humano e vivemos com a mente guardada pela fidelidade do Senhor.

Quem somos à luz da verdade bíblica

A ansiedade frequentemente surge da incerteza sobre quem somos e qual é o nosso verdadeiro valor. Em um mundo que constantemente nos pressiona com padrões irreais e expectativas inalcançáveis, muitas pessoas lutam para encontrar um senso de identidade que as faça sentir-se seguras. Quando nossa identidade está ancorada em coisas passageiras, como conquistas, reconhecimento ou aprovação alheia, a ansiedade se torna inevitável, pois qualquer ameaça a esses pilares nos deixa inseguros e instáveis. No entanto, a verdade bíblica nos revela que nossa verdadeira identidade não está fundamentada em circunstâncias externas, mas naquilo que Deus declara sobre nós. Em João 1:12, está escrito: *Contudo, aos que o receberam, aos que creram em seu nome, deu-lhes o direito de se tornarem filhos de Deus.* Essa afirmação nos mostra que, independentemente do que enfrentamos, somos amados e aceitos pelo Criador.

A Bíblia nos ensina que fomos criados à imagem e semelhança de Deus (Gênesis 1:27), o que significa que nosso valor não depende de nossos feitos ou falhas, mas do fato de pertencermos a ele. Quando esquecemos essa verdade, a ansiedade toma conta do coração, pois começamos a buscar validação em fontes erradas, temendo não sermos suficientes ou dignos de amor. O apóstolo Paulo nos lembra em Efésios 2:10 que somos *feitura de Deus, criados em Cristo Jesus para boas obras*, o que reforça que nossa identidade tem um propósito divino e eterno. Esse conhecimento nos liberta da necessidade de provar nosso valor constantemente e nos convida a descansar no amor incondicional de Deus.

Um dos maiores desafios da ansiedade relacionada à identidade é a comparação. Quando nos medimos pelos padrões do mundo, ficamos presos em um ciclo de insatisfação e medo de não alcançar aquilo que outros parecem ter conquistado. A Bíblia nos adverte contra esse tipo de pensamento em Gálatas 6:4: *Cada um examine os próprios atos, e então poderá orgulhar-se de si mesmo, sem se comparar com ninguém.* A verdadeira paz só pode ser encontrada quando olhamos para nós mesmos à luz daquilo que Deus nos chamou para ser, e não pelo que a sociedade impõe.

Outro aspecto que alimenta a ansiedade é a dúvida sobre o propósito de nossa existência. Muitas vezes, nos sentimos inquietos porque não sabemos se estamos no caminho certo ou se nossas vidas têm significado. No entanto, a Palavra de Deus nos assegura que fomos criados com um propósito específico e que ele tem um plano perfeito para cada um de nós. Jeremias 29:11 nos lembra disso: *Porque sou eu que conheço os planos que tenho para vocês, planos de fazê-los prosperar e não de lhes causar dano, planos de dar-lhes esperança e um futuro.* Essa promessa nos chama a confiar que Deus nos guia em cada passo, mesmo quando não compreendemos completamente o caminho.

Além disso, a ansiedade sobre nossa identidade pode ser resultado de experiências passadas que nos fizeram duvidar de nosso valor. Feridas emocionais, rejeição e fracassos podem distorcer a maneira como nos vemos, criando uma visão equivocada de quem somos. No entanto, 2 Coríntios 5:17 declara: *Se alguém está em Cristo, é nova criação; as coisas antigas já passaram; eis que surgiram coisas novas.* Em Cristo, recebemos uma nova identidade que não está mais ligada ao nosso passado, mas ao futuro glorioso que Deus preparou para nós.

Para superar a ansiedade relacionada à identidade, é necessário renovar a mente com a verdade da Palavra de

Deus. Romanos 12:2 nos instrui: *Não se amoldem ao padrão deste mundo, mas transformem-se pela renovação da sua mente, para que sejam capazes de experimentar e comprovar a boa, agradável e perfeita vontade de Deus.* Ao substituir as mentiras que alimentam a ansiedade pelas promessas divinas, encontramos segurança naquilo que Deus diz a nosso respeito.

Assim, entender quem somos à luz da verdade bíblica nos conduz a um lugar de descanso e confiança. Quando firmamos nossa identidade em Cristo, a ansiedade perde seu poder sobre nós, pois reconhecemos que não precisamos provar nada a ninguém. Deus nos ama, nos sustenta e nos conduz com fidelidade, assegurando-nos de que somos preciosos aos seus olhos e temos um propósito eterno em suas mãos.

A renovação da mente como caminho para a paz

A paz que tanto almejamos em meio às tempestades da vida está diretamente relacionada à maneira como pensamos e interpretamos as circunstâncias ao nosso redor. A ansiedade, muitas vezes, nasce da forma como permitimos que pensamentos negativos e destrutivos governem nossa mente, conduzindo-nos a um estado de inquietação constante. No entanto, a verdadeira transformação acontece de dentro para fora, quando buscamos renovar nossa maneira de pensar e alinhar nossos pensamentos com a verdade de Deus. A paz interior só se torna possível quando permitimos que sua Palavra molde nossa visão de mundo, capacitando-nos a viver com confiança, esperança e alinhamento à sua vontade perfeita.

A mente humana, por natureza, tende a se inclinar para o medo, a dúvida e a preocupação, especialmente em tempos de incerteza. Se não cuidarmos do que alimentamos em nossos pensamentos, a ansiedade rapidamente se torna uma prisão que nos impede de viver plenamente a vida que Deus deseja para nós. Para renovar nossa mente e vencer a ansiedade, é essencial direcionar nossos pensamentos para aquilo que é verdadeiro, nobre e edificante. A meditação intencional na verdade de Deus fortalece nosso coração e nos conduz a uma paz que transcende as circunstâncias, permitindo-nos viver com confiança e esperança.

A renovação da mente envolve substituir padrões de pensamento prejudiciais pelas promessas divinas. Muitas vezes, carregamos crenças erradas sobre nós mesmos, sobre os outros e até mesmo sobre Deus, e essas percepções distorcidas alimentam a ansiedade. O salmista declarou em Salmos 119:105: *A tua palavra é lâmpada para os meus pés e luz para o meu caminho.* Isso significa que a Palavra de Deus não apenas nos orienta, mas também ilumina nossas mentes, dissipando as trevas da incerteza e do medo.

Outro aspecto essencial da renovação da mente é a decisão de alinhar nossos pensamentos com a verdade imutável de Deus, em vez de nos deixarmos levar pelas circunstâncias momentâneas. A verdadeira paz surge quando escolhemos fixar nossa mente no que é eterno e seguro, ao invés de nos concentrarmos nas dificuldades passageiras. Esse alinhamento mental nos permite experimentar uma serenidade que transcende as situações externas, fortalecendo-nos para enfrentar os desafios com confiança e esperança.

Além disso, renovar a mente significa reconhecer que nossos pensamentos moldam nossas emoções e atitudes. Muitas vezes, a ansiedade se intensifica porque permitimos que medos irreais e suposições infundadas dominem nossos corações. 2 Coríntios 10:5 nos ensina a levar *cativo todo pensamento, para torná-lo obediente a Cristo*, lembrando-nos de que temos autoridade para rejeitar pensamentos ansiosos e substituí-los pela verdade da Palavra.

A oração também desempenha um papel fundamental nesse processo. Ao buscarmos a Deus em oração, não apenas entregamos nossas preocupações, mas também permitimos que ele molde nossos pensamentos de acordo com sua vontade. Esse ato nos conduz a uma paz que transcende a compreensão humana, guardando nossos corações e mentes e fortalecendo nossa confiança. Assim, a oração se revela como uma ferramenta poderosa para alinhar nossos pensamentos com a mente de Cristo, promovendo equilíbrio e serenidade mesmo diante das adversidades.

A renovação da mente não é um evento único, mas um processo contínuo que exige disciplina e constância. Precisamos diariamente escolher encher nossa mente com a verdade de Deus e rejeitar as mentiras que alimentam a ansiedade. Quando renovamos nossa mente com as Escrituras, experimentamos uma mudança de perspectiva que nos capacita a enfrentar os desafios com fé e serenidade.

Assim, a renovação da mente é o caminho para a paz verdadeira. Ela nos ensina a pensar de acordo com a perspectiva de Deus, a rejeitar padrões destrutivos e a confiar que sua vontade é boa, perfeita e agradável. Quando permitimos que Deus transforme nossa maneira de pensar, encontramos descanso para nossa alma e segurança na certeza de que ele tem o controle de todas as coisas.

Capítulo 03

A PAZ PROMETIDA POR DEUS

O que Jesus ensina sobre descanso interior

A busca pela paz interior é uma das grandes necessidades da humanidade. Em um mundo marcado por incertezas, pressões e desafios diários, o coração humano anseia por descanso e segurança. No entanto, a paz verdadeira não se encontra na ausência de problemas, mas na presença de Deus. Jesus, ao longo de seu ministério, ensinou que a paz que ele oferece não é como a que o mundo promete, passageira e circunstancial, mas uma paz duradoura, fundamentada na comunhão com o Pai. Em João 14:27, ele declara: *Deixo-lhes a paz; a minha paz lhes dou. Não a dou como o mundo a dá. Não se perturbem os seus corações, nem tenham medo.* Essa afirmação revela que a paz que Cristo oferece não depende das circunstâncias externas, mas do relacionamento íntimo com ele.

A verdadeira paz, segundo os ensinamentos de Jesus, não é fruto de uma vida sem dificuldades, mas de uma confiança profunda em Deus. Em Mateus 11:28-30, ele faz um convite que ecoa até os dias de hoje: *Venham a mim todos os que estão cansados e sobrecarregados, e eu lhes darei descanso. Tomem sobre vocês o meu jugo e aprendam de mim, pois sou manso e humilde de coração, e vocês encontrarão descanso para as suas almas.* Essa promessa de descanso não se limita ao alívio físico, mas abrange a totalidade do ser, trazendo descanso para a mente e o espírito. Ao aprender com Cristo, o discípulo descobre que a paz verdadeira vem da entrega e da confiança na soberania de Deus.

Outro aspecto importante do ensinamento de Jesus sobre a paz interior é a necessidade de um coração desapegado das preocupações do mundo. Ele instrui seus seguidores a não se inquietarem com as necessidades básicas da vida, como alimento e vestuário, pois Deus conhece cada uma delas e cuida de seus filhos com amor e provisão. A verdadeira paz surge quando priorizamos o que realmente importa, colocando Deus em primeiro lugar em nossas vidas. Ao alinhar nossos valores com os propósitos divinos, encontramos o equilíbrio necessário para viver com serenidade, confiando que ele proverá tudo no tempo certo.

A paz de Jesus também está ligada à obediência e submissão à vontade do Pai. A verdadeira paz não significa a ausência de tribulações, mas a certeza de que Cristo já venceu todas as dificuldades por nós. Ele nos ensina que, mesmo em meio às aflições da vida, podemos ter ânimo e confiar em sua vitória. Quando escolhemos descansar nessa verdade, experimentamos uma paz que não pode ser abalada pelas circunstâncias, fortalecendo-nos para enfrentar cada desafio com coragem e esperança.

A oração e a comunhão com Deus são elementos centrais no ensinamento de Jesus sobre a paz. Ele frequentemente se retirava para orar, demonstrando que o segredo de seu descanso interior estava na intimidade com o Pai. Esse exemplo revela que a verdadeira paz, aquela que transcende o entendimento humano, é o resultado de um coração que confia plenamente em Deus, independentemente das circunstâncias. Quando nos voltamos a ele em oração, com súplicas e gratidão, experimentamos uma paz que protege nossos corações e mentes, fortalecendo-nos diante dos desafios da vida.

Para experimentar essa paz, é necessário abandonar a tentativa de controlar tudo e entregar o futuro nas mãos de Deus. A inquietação surge quando tentamos carregar fardos que não fomos chamados a carregar. Jesus nos convida a lançar sobre ele todas as nossas ansiedades, porque ele cuida de nós.

Essa entrega total nos liberta da preocupação e nos permite viver com serenidade, sabendo que Deus está no controle.

Assim, o ensinamento de Jesus sobre a verdadeira paz nos conduz a uma vida de descanso interior, baseada na confiança inabalável em Deus, na renúncia ao controle próprio e na busca constante pela comunhão com o Pai. Quando compreendemos que a paz de Cristo é um presente divino, e não algo que podemos conquistar por nós mesmos, encontramos descanso para nossas almas e vivemos em segurança, independentemente das circunstâncias.

O alicerce da tranquilidade

A verdadeira paz só pode ser experimentada quando nossa confiança está firmemente alicerçada no caráter de Deus. A ansiedade frequentemente surge da dúvida sobre quem Deus é e sobre sua fidelidade para cumprir suas promessas. Quando não conhecemos profundamente o caráter divino, somos facilmente abalados pelas circunstâncias, deixando-nos vulneráveis ao medo e à inquietação. No entanto, as Escrituras nos revelam um Deus imutável, amoroso e soberano, cuja bondade é constante, independentemente do que enfrentamos. Em Malaquias 3:6, Deus declara: *Eu, o Senhor, não mudo*, mostrando que podemos confiar plenamente nele, pois suas promessas permanecem inabaláveis.

A confiança no caráter de Deus é construída sobre o conhecimento de sua fidelidade. Ao longo da história bíblica, vemos inúmeras demonstrações do cuidado e da provisão divina para com seu povo. Desde a libertação do Egito até a provisão diária no deserto, Deus sempre demonstrou ser um refúgio seguro para aqueles que nele confiam. Em Lamentações

3:22-23, Jeremias afirma: *Graças ao grande amor do Senhor é que não somos consumidos, pois as suas misericórdias são inesgotáveis. Renovam-se cada manhã; grande é a tua fidelidade.* Essa certeza deve preencher nossos corações com tranquilidade, lembrando-nos de que Deus nunca nos desampara.

Outro aspecto fundamental da confiança no caráter de Deus é a compreensão de sua soberania. Ele não apenas nos ama, mas também governa sobre todas as coisas com sabedoria perfeita. Quando aceitamos que nada escapa ao controle do Senhor, encontramos descanso mesmo diante das situações mais difíceis. Romanos 8:28 nos assegura: *Sabemos que Deus age em todas as coisas para o bem daqueles que o amam, dos que foram chamados segundo o seu propósito.* Esse conhecimento nos permite enfrentar as incertezas da vida com confiança, sabendo que Deus está sempre trabalhando para nosso bem, mesmo quando não entendemos seus caminhos.

Além de sua fidelidade e soberania, a bondade de Deus é outro pilar essencial para nossa paz. Muitas vezes, a ansiedade nos faz questionar se Deus realmente se importa com nossas necessidades e dores. No entanto, a Bíblia nos assegura que ele é um Pai amoroso, que conhece cada detalhe de nossa vida. Jesus nos lembra disso em Mateus 7:9-11, quando pergunta: *Qual de vocês, se seu filho pedir pão, lhe dará uma pedra? Ou se pedir peixe, lhe dará uma cobra? Se vocês, apesar de serem maus, sabem dar boas coisas aos seus filhos, quanto mais o Pai de vocês, que está nos céus, dará coisas boas aos que lhe pedirem!* Essa garantia nos convida a descansar na bondade do Pai celestial, sabendo que ele cuida de nós de maneira perfeita.

A confiança no caráter de Deus também é fortalecida quando lembramos que ele é um Deus de justiça e retidão. Embora possamos enfrentar desafios e injustiças nesta vida, podemos ter a certeza de que Deus, em seu tempo perfeito, corrigirá todas as coisas. Salmos 37:5-6 nos encoraja:

Entregue o seu caminho ao Senhor; confie nele, e ele agirá: ele deixará claro como a alvorada que você é justo, e como o sol do meio-dia que você é inocente. Esse versículo nos ensina que podemos abandonar a necessidade de controlar as situações, confiando que Deus é justo e sabe o que é melhor para nós.

Assim, a confiança no caráter de Deus é o alicerce da tranquilidade verdadeira. Quando reconhecemos sua fidelidade, soberania, bondade e justiça, somos libertos da necessidade de controlar tudo e podemos descansar em sua providência. Deus não muda, não falha e está sempre presente, oferecendo-nos segurança inabalável em meio às tempestades da vida. Ancorar nossa fé em seu caráter nos conduz a uma paz que não depende das circunstâncias, mas da certeza de que estamos nas mãos daquele que nos ama com amor eterno.

A oração como antídoto para a inquietação

A inquietação da alma, muitas vezes, surge quando tentamos enfrentar sozinhos as incertezas e desafios da vida. O peso das preocupações, das expectativas e do medo do futuro nos conduz a uma espiral de ansiedade difícil de conter. No entanto, Deus nos oferece um antídoto poderoso contra essa inquietação: a oração. Mais do que um simples exercício religioso, a oração é um meio de comunhão profunda com o Criador, onde encontramos refúgio, direção e paz. Por meio da oração sincera, podemos entregar nossas inquietações e, em troca, experimentar uma paz que transcende toda compreensão humana, guardando nossos corações e mentes. Assim, ao depositarmos nossas preocupações nas mãos daquele que tem o controle de todas as coisas, aprendemos a confiar e descansar plenamente em sua soberania.

A oração eficaz não é baseada apenas em palavras repetidas mecanicamente, mas em uma entrega sincera e confiante ao Senhor. Quando oramos, reconhecemos nossa dependência de Deus e colocamos diante dele nossas limitações e medos. Jesus ensinou sobre a importância de uma vida de oração constante, mostrando que o coração que se rende a Deus em oração encontra força para enfrentar os desafios. Em Mateus 26:41, ele advertiu seus discípulos: *Vigiem e orem para que não caiam em tentação. O espírito está pronto, mas a carne é fraca.* A ansiedade muitas vezes nos enfraquece, mas a oração nos fortalece, alinhando nossos pensamentos e emoções com a verdade de Deus.

Além de nos fortalecer espiritualmente, a oração tem o poder de transformar nossa perspectiva. Quando levamos nossas inquietações a Deus, deixamos de olhar para as circunstâncias com temor e passamos a enxergá-las sob a ótica da fé. A oração nos convida a lançar fora o fardo da preocupação e confiar plenamente no amor e no cuidado do Pai. Muitas vezes, a ansiedade nos faz sentir sozinhos, mas a prática constante da oração nos lembra de que Deus está sempre presente, disposto a nos ouvir e a nos fortalecer. Assim, encontramos consolo e renovamos nossa confiança, sabendo que não estamos desamparados.

Os exemplos bíblicos demonstram que a paz que excede o entendimento não é uma teoria, mas uma realidade prática. O apóstolo Paulo, mesmo enfrentando prisões, perseguições e adversidades, compreendeu que a verdadeira paz não depende da ausência de tribulações, mas da suficiência da graça de Deus, que é capaz de sustentar em qualquer situação. Essa compreensão o levou a enfrentar cada desafio com confiança, sabendo que o poder divino se manifesta em meio à fraqueza. Assim, aprendemos que a paz genuína é encontrada na entrega total a Deus, permitindo que sua graça nos fortaleça em todas as circunstâncias.

Outro grande exemplo de como a oração pode ser um antídoto para a inquietação é o próprio Jesus. No Jardim do Getsêmani, momentos antes de sua crucificação, ele experimentou uma angústia profunda. Lucas 22:44 descreve: *Estando angustiado, ele orou ainda mais intensamente, e o seu suor era como gotas de sangue caindo no chão.* Mesmo diante da dor iminente, Jesus encontrou força na presença do Pai, mostrando que, quando oramos, somos renovados e capacitados para enfrentar os desafios com coragem.

A oração também nos ajuda a realinhar nossas prioridades. Muitas vezes, a ansiedade surge quando estamos excessivamente focados em questões terrenas e esquecemos da soberania de Deus sobre todas as coisas. Quando oramos, somos lembrados de buscar em primeiro lugar o Reino de Deus e confiar que tudo mais será acrescentado. Esse realinhamento traz uma paz duradoura, pois nos permite viver com a convicção de que Deus está no controle.

Além disso, a oração deve ser acompanhada de ações de graças. Quando agradecemos a Deus, mesmo em meio às dificuldades, estamos reafirmando nossa confiança nele e fortalecendo nossa fé. A gratidão nos ajuda a ver as bênçãos de Deus em nossa vida e a substituir a inquietação pela certeza de que ele é fiel em todas as circunstâncias.

Portanto, a oração é mais do que uma prática espiritual; é um estilo de vida que nos mantém conectados à fonte da verdadeira paz. Quando fazemos da oração um hábito diário, experimentamos uma transformação interior que nos capacita a enfrentar as incertezas com serenidade. Deus nos convida a buscar sua presença continuamente, encontrando nele o descanso para nossas almas inquietas.

Experimentando o sobrenatural

A verdadeira paz não é apenas a ausência de problemas ou conflitos, mas uma experiência sobrenatural que vai além da compreensão humana. É um estado de serenidade interior que não depende das circunstâncias externas, mas da confiança em Deus e em suas promessas. A Bíblia descreve essa paz como algo que "excede todo entendimento", uma realidade que transcende a lógica e nos envolve mesmo nos momentos mais desafiadores da vida. Filipenses 4:7 afirma: *E a paz de Deus, que excede todo entendimento, guardará os seus corações e as suas mentes em Cristo Jesus.* Essa promessa nos assegura que a paz de Deus atua como um escudo protetor, impedindo que as inquietações dominem nossos pensamentos e emoções.

Experimentar essa paz sobrenatural não significa estar livre de dificuldades, mas sim viver com a convicção de que Deus está no controle, independentemente do que enfrentamos. O mundo nos oferece uma paz baseada em circunstâncias favoráveis, mas a paz de Cristo é diferente: ela nos sustenta mesmo em meio às tempestades. Em João 16:33, Jesus declara: *Eu lhes disse essas coisas para que em mim vocês tenham paz. Neste mundo vocês terão aflições; contudo, tenham ânimo! Eu venci o mundo.* Essa afirmação nos mostra que a verdadeira paz não se baseia na ausência de problemas, mas na presença daquele que venceu todas as coisas.

A paz que excede o entendimento está intimamente ligada à fé. Quando confiamos plenamente em Deus, somos libertos da necessidade de compreender cada detalhe do que acontece ao nosso redor. A verdadeira paz se manifesta quando escolhemos fixar nossos olhos nele, em vez de nos deixarmos levar pelas incertezas da vida. A fé nos permite descansar na soberania divina, confiando que ele tem um plano maior, mesmo quando não conseguimos enxergar o quadro completo. Esse descanso nos fortalece e nos capacita a enfrentar os desafios com serenidade e esperança.

Outro aspecto essencial para experimentar essa paz sobrenatural é a entrega total a Deus. Muitas vezes, a ansiedade cresce porque tentamos carregar fardos que não fomos chamados a carregar. Jesus nos convida a lançar sobre ele todas as nossas preocupações, pois ele cuida de nós. A verdadeira paz surge quando decidimos confiar plenamente nele, entregando nossas lutas, medos e incertezas ao seu cuidado amoroso.

As Escrituras também nos ensinam que a paz de Deus é um fruto do Espírito Santo, concedido àqueles que vivem em comunhão com ele. Gálatas 5:22 afirma: *Mas o fruto do Espírito é amor, alegria, paz, paciência, amabilidade, bondade, fidelidade.* Isso significa que a paz verdadeira não pode ser alcançada por meio de esforço humano, mas é resultado de um relacionamento íntimo com Deus, no qual o Espírito Santo transforma nosso interior e nos capacita a viver de maneira serena e confiante.

Os exemplos bíblicos demonstram que a paz que excede o entendimento não é uma teoria, mas uma realidade prática. O apóstolo Paulo, mesmo enfrentando prisões, perseguições e adversidades, compreendeu que a verdadeira paz não depende da ausência de tribulações, mas da suficiência da graça de Deus, que é capaz de sustentar em qualquer situação. Essa compreensão o levou a enfrentar cada desafio com confiança, sabendo que o poder divino se manifesta em meio à fraqueza. Assim, aprendemos que a paz genuína é encontrada na entrega total a Deus, permitindo que sua graça nos fortaleça em todas as circunstâncias.

Para experimentar essa paz sobrenatural, é fundamental desenvolver uma vida de oração constante e meditação na Palavra. A paz de Deus nos envolve quando dedicamos tempo para estar em sua presença e permitimos que suas verdades preencham nossa mente. Salmo 119:165 afirma: *Grande paz têm os que amam a tua lei; para eles não há tropeço.* Quando enchemos nosso coração com as promessas divinas, encontramos estabilidade mesmo em meio ao caos.

Assim, experimentar a paz que excede o entendimento é um convite a viver pela fé, entregar-se completamente a Deus e depender do Espírito Santo para nos guiar. Não se trata de uma paz momentânea, mas de um estado contínuo de descanso em Deus, independentemente das circunstâncias. Quando escolhemos confiar, rendermo-nos e permanecer em comunhão com Deus, essa paz sobrenatural nos envolve e nos capacita a viver com segurança, sabendo que estamos nas mãos daquele que governa todas as coisas.

Capítulo 04

O PESO DAS EXPECTATIVAS E O DESCANSO EM CRISTO

O fardo das expectativas humanas

A ansiedade muitas vezes nasce do peso esmagador das expectativas humanas. Vivemos em uma sociedade que constantemente impõe padrões de sucesso, realização e desempenho que, em muitos casos, são inalcançáveis. Somos pressionados a corresponder a determinados perfis, seja no âmbito profissional, familiar ou social, o que gera um ciclo interminável de comparações e insatisfação. Quando tentamos atender a todas essas exigências, nos tornamos vulneráveis à ansiedade, pois percebemos que, por mais que nos esforcemos, nunca seremos suficientes para suprir todas as demandas. No entanto, a Palavra de Deus nos convida a abandonar esse fardo e encontrar descanso em sua graça.

A pressão para se encaixar nos padrões estabelecidos pelo mundo pode nos afastar da verdadeira identidade que temos em Deus. Muitas vezes, buscamos aprovação e reconhecimento das pessoas, esquecendo-nos de que nosso valor não está em nossos feitos, mas em quem somos diante do Criador. O apóstolo Paulo nos alerta em Gálatas 1:10: *Acaso busco eu agora a aprovação dos homens ou a de Deus? Ou estou tentando agradar a homens? Se eu ainda estivesse tentando agradar a homens, não seria servo de Cristo.* Essa reflexão nos desafia a reavaliar nossas motivações e a reconhecer que a verdadeira satisfação só é encontrada em viver para Deus, e não para atender às expectativas alheias.

Os padrões impostos pela sociedade também podem criar um senso constante de inadequação e comparação. As redes sociais, por exemplo, projetam uma realidade filtrada e idealizada, onde apenas os sucessos são exibidos, gerando uma falsa sensação de que precisamos alcançar um nível de vida perfeito para sermos aceitos. Isso intensifica a ansiedade, pois nos sentimos sempre aquém, incapazes de corresponder a uma perfeição irreal. No entanto, a Bíblia nos ensina a contentar-nos com o que temos e a confiar que Deus sabe o que é melhor para nós. Filipenses 4:11-12 diz: *Aprendi a adaptar-me a toda e qualquer circunstância. Sei o que é passar necessidade e sei o que é ter fartura; aprendi o segredo de viver contente em toda e qualquer situação.*

Outro aspecto das expectativas humanas que pode se tornar um fardo é a autossuficiência imposta pela cultura moderna. O mundo nos ensina que devemos ser fortes, independentes e capazes de resolver tudo por conta própria. No entanto, Deus nos chama a depender dele em todas as áreas da vida. Quando reconhecemos nossa dependência de Deus, encontramos alívio do peso de tentar controlar tudo e permitimos que ele nos guie com sabedoria.

Além disso, as expectativas irrealistas que colocamos sobre nós mesmos podem se tornar uma fonte de frustração e ansiedade. Tentamos alcançar um padrão de perfeição que, na realidade, não é exigido por Deus. Ele nos conhece profundamente e nos ama apesar de nossas falhas e limitações. O Salmo 139:1-2 declara: *Senhor, tu me sondas e me conheces. Sabes quando me sento e quando me levanto; de longe percebes os meus pensamentos.* Essa verdade nos conforta, pois sabemos que não precisamos provar nada a Deus; ele já nos aceita como somos.

Para vencer a ansiedade gerada pelas expectativas humanas, precisamos aprender a descansar na graça de Deus e aceitar que somos obras em andamento, sendo moldados conforme o seu propósito. Efésios 2:10 nos ensina: *Pois somos criação de Deus, realizada em Cristo Jesus para fazermos boas obras, as quais Deus preparou de antemão para que nós as praticássemos.* Quando compreendemos que Deus já preparou o caminho para nós, podemos abandonar a necessidade de corresponder a padrões externos e viver em paz, confiando que ele está conduzindo nossas vidas.

Assim, a paz verdadeira só pode ser experimentada quando deixamos de lado o peso das expectativas humanas e escolhemos viver segundo o propósito de Deus para nós. Ao entregarmos a ele nossas preocupações e inseguranças, encontramos liberdade e alívio, sabendo que nosso valor e identidade estão firmados em Cristo, e não nas pressões deste mundo.

A confiança que traz leveza

A necessidade de controle é uma das principais fontes de ansiedade na vida humana. Queremos garantir que tudo saia conforme nossos planos, evitar surpresas e minimizar riscos, mas a realidade nos confronta com a nossa limitação e nos lembra de que há muito mais fora de nosso alcance do que somos capazes de lidar. Essa luta por controle constante sobre o futuro, as circunstâncias e até mesmo as pessoas gera um peso insustentável para nossa alma, levando-nos a viver em um estado contínuo de tensão e preocupação. No entanto, a Palavra de Deus nos convida a abrir mão desse fardo e a confiar plenamente em sua soberania. Em Mateus 6:27, Jesus nos faz uma pergunta que expõe nossa impotência diante da vida: *Quem de vocês, por mais que se preocupe, pode acrescentar uma hora que seja à sua vida?* Essa verdade nos lembra que, por mais que tentemos, nunca teremos o controle absoluto, e é justamente na entrega que encontramos leveza e paz.

Entregar o controle não significa abdicar da responsabilidade ou viver de forma negligente, mas reconhecer que existe um Deus que governa todas as coisas com sabedoria e amor. Em Provérbios 16:9, encontramos um princípio libertador: *Em seu coração o homem planeja o seu caminho, mas o Senhor determina os seus passos.* Isso nos ensina que, embora seja prudente planejar e agir com sabedoria, o resultado final está nas mãos de Deus, e confiar nele nos permite viver com mais leveza e serenidade.

A entrega do controle também exige humildade, pois implica reconhecer que não somos autossuficientes. Em 1 Pedro 5:6-7, somos instruídos: *Humilhem-se debaixo da poderosa mão de Deus, para que ele os exalte no tempo devido. Lancem sobre ele toda a sua ansiedade, porque ele tem cuidado de vocês.* Deus não nos pede para controlar tudo, mas para confiar que ele tem o melhor para nós, ainda que não compreendamos plenamente seus caminhos.

O maior exemplo de entrega do controle encontramos em Jesus, no Jardim do Getsêmani. Diante do sofrimento iminente, ele orou: *Pai, se queres, afasta de mim este cálice; contudo, não seja feita a minha vontade, mas a tua* (Lucas 22:42). Sua atitude nos ensina que a verdadeira paz vem quando submetemos nossos planos à vontade de Deus, confiando que ele sabe o que é melhor para nós, mesmo quando o caminho parece difícil ou incerto.

Além da oração, a meditação na Palavra de Deus renova nossa mente e fortalece nossa confiança em sua providência. Quando enfrentamos a tentação de querer controlar tudo, é essencial lembrar que Deus está sempre ao nosso lado, cuidando de cada detalhe de nossa vida. Essa certeza nos traz segurança e nos ajuda a descansar em sua fidelidade, permitindo que enfrentemos os desafios com uma fé inabalável e um coração tranquilo.

Assim, entregar o controle a Deus é um exercício contínuo de fé e confiança. Quando escolhemos descansar em sua soberania, somos libertos do peso da preocupação e encontramos a leveza que vem de saber que ele está no comando. A verdadeira paz não está em ter todas as respostas, mas em confiar plenamente naquele que tudo governa com amor e perfeição.

Jesus, o descanso perfeito

A vida moderna impõe um ritmo acelerado e exaustivo, levando muitos a viverem constantemente sobrecarregados, esgotados emocionalmente e ansiosos por alívio. Em meio a tantas exigências e pressões, encontramos um convite irresistível ao descanso verdadeiro, que traz esperança real para aqueles que lutam contra a fadiga da vida e a inquietação da alma. Esse descanso vai além do alívio físico; é uma paz interior que renova, fortalece e nos conduz a uma vida de serenidade e confiança. Ao nos rendermos a essa promessa, descobrimos uma fonte inesgotável de força e consolo, capaz de transformar nosso coração e nossa perspectiva diante das adversidades.

O descanso oferecido por Cristo não é momentâneo, como as soluções temporárias que o mundo apresenta, mas é um descanso permanente e profundo que atinge a raiz da ansiedade. Ele nos convida a trocar nossos fardos pesados pelo seu jugo suave, lembrando-nos de que não fomos criados para carregar sozinhos as pressões da vida. Em Mateus 11:29, ele continua: *Tomem sobre vocês o meu jugo e aprendam de mim, pois sou manso e humilde de coração, e vocês encontrarão descanso para as suas almas.* Esse convite revela que o verdadeiro descanso não está na ausência de desafios, mas na companhia daquele que caminha conosco em meio às dificuldades.

Jesus é o descanso perfeito porque ele compreende plenamente as nossas limitações e fraquezas. Em Hebreus

4:15, lemos: *Pois não temos um sumo sacerdote que não possa se compadecer das nossas fraquezas, mas sim alguém que, como nós, passou por todo tipo de tentação, porém sem pecado.* Ele conhece nossas lutas mais profundas e nos convida a confiar nele, entregando nossas preocupações e cansaço em suas mãos. Ao reconhecermos que não estamos sozinhos em nossas batalhas, encontramos conforto na presença daquele que cuida de nós.

O descanso em Jesus também envolve uma mudança de perspectiva. Muitas vezes, a ansiedade surge da tentativa de carregar responsabilidades que não nos pertencem ou de buscar soluções em nossa própria força. No entanto, Isaías 40:31 nos ensina: *Mas aqueles que esperam no Senhor renovam as suas forças. Voam alto como águias; correm e não ficam exaustos, andam e não se cansam.* Quando aprendemos a confiar em Deus e a depender de sua provisão, encontramos um descanso que fortalece e revigora.

Outro aspecto essencial do descanso oferecido por Cristo é o perdão. Muitas pessoas vivem presas ao peso da culpa e dos erros do passado, sentindo-se constantemente sobrecarregadas por fardos emocionais que parecem impossíveis de suportar. No entanto, Jesus promete alívio e restauração para aqueles que se achegam a ele com um coração arrependido. Em Salmo 103:12, lemos: *Como o Oriente está longe do Ocidente, assim ele afasta para longe de nós as nossas transgressões.* Saber que somos perdoados e aceitos por Deus nos liberta para vivermos com paz e leveza, sem o peso do passado.

Assim, Jesus é o descanso perfeito porque ele nos convida a confiar nele, a entregar nossos fardos e a viver em comunhão com ele. Não precisamos enfrentar a vida sozinhos, pois ele está sempre pronto para nos sustentar e nos renovar. Quando respondemos ao seu chamado, encontramos uma paz que não se abala com as circunstâncias e uma segurança que vai além da compreensão humana.

O contentamento como expressão da paz verdadeira

O contentamento é uma das maiores expressões da paz verdadeira. Em um mundo que constantemente estimula a insatisfação, onde o desejo por mais se torna um ciclo sem fim, encontrar descanso naquilo que já temos parece um desafio. A Bíblia ensina que o contentamento não está ligado à quantidade de bens, status ou circunstâncias favoráveis, mas a uma confiança inabalável no cuidado de Deus. Paulo, ao escrever aos filipenses, declarou: *Aprendi o segredo de viver contente em toda e qualquer situação, seja bem alimentado, seja com fome, tendo muito, ou passando necessidade. Tudo posso naquele que me fortalece* (Filipenses 4:12-13). Suas palavras revelam que o contentamento não nasce das circunstâncias externas, mas da certeza de que Deus sustenta e conduz sua vida.

O contentamento genuíno brota de uma alma que encontrou satisfação em Deus. Quando nos tornamos dependentes das circunstâncias para sentir paz, estamos constantemente vulneráveis às mudanças da vida. Se nossa segurança está no dinheiro, no reconhecimento ou no sucesso, bastará um revés para que a ansiedade tome conta. Jesus nos alertou sobre essa armadilha quando disse: *Não andem ansiosos por coisa alguma... Pois os pagãos é que correm atrás dessas coisas; mas o Pai celestial sabe que vocês precisam delas* (Mateus 6:31-32). O contentamento nasce quando paramos de buscar a segurança em coisas passageiras e confiamos na provisão de Deus, sabendo que ele sempre cuida de nós.

A insatisfação constante gera inquietação na alma e afasta a paz verdadeira. Muitas vezes, acreditamos que seremos felizes quando tivermos mais dinheiro, um emprego melhor ou um relacionamento ideal. No entanto, o coração insatisfeito nunca encontra repouso, pois sempre haverá algo novo a desejar. Salomão, um dos homens mais ricos e influentes da história, percebeu a futilidade dessa busca ao afirmar: *Quem ama o dinheiro jamais terá o suficiente; quem ama as riquezas jamais ficará satisfeito com os seus rendimentos* (Eclesiastes 5:10). A verdadeira paz não está na conquista de mais, mas na gratidão pelo que já temos. Quando reconhecemos que tudo o que possuímos é um presente de Deus, o contentamento se torna uma resposta natural.

Além disso, o contentamento fortalece a fé e nos ensina a depender de Deus em todas as circunstâncias. Jó, ao perder tudo, não se voltou contra Deus, mas declarou: *O Senhor o deu, o Senhor o levou; louvado seja o nome do Senhor* (Jó 1:21). Sua confiança estava no caráter de Deus, e não em suas posses. Quando entendemos que nossa paz não vem do que temos, mas de quem Deus é, nos tornamos livres da ansiedade gerada pela incerteza do amanhã. Isso não significa que devemos ignorar desafios ou não buscar melhorias em nossas vidas, mas sim que nossa alegria não depende dessas mudanças.

A gratidão desempenha um papel fundamental na construção do contentamento. Quando cultivamos um coração grato, passamos a enxergar o que temos como suficiente. Paulo escreveu: *Deem graças em todas as circunstâncias, pois esta é a vontade de Deus para vocês em Cristo Jesus* (1 Tessalonicenses 5:18). Esse princípio nos lembra que, mesmo diante das dificuldades, há sempre algo pelo qual agradecer. A gratidão transforma nossa perspectiva e nos leva a perceber que a presença de Deus é a maior riqueza que podemos ter.

O contentamento não significa conformismo, mas sim confiança. Não se trata de uma aceitação passiva da vida, mas de um descanso ativo na soberania de Deus. Quando confiamos que ele nos dá exatamente o que precisamos, vivemos com mais leveza e paz. Davi expressou essa confiança ao dizer: *O Senhor é o meu pastor, de nada terei falta* (Salmo 23:1). Sua certeza estava na suficiência de Deus para suprir suas necessidades, e essa confiança trouxe a ele a paz verdadeira.

Por fim, o contentamento revela uma alma que encontrou descanso em Deus. Em um mundo que constantemente nos empurra para querer mais, ser mais e ter mais, aqueles que aprendem a descansar no Senhor experimentam uma paz que o mundo não pode oferecer. Jesus nos convida a viver essa realidade ao dizer: *Venham a mim, todos os que estão cansados e sobrecarregados, e eu lhes darei descanso* (Mateus 11:28). Quem encontra contentamento em Deus não é abalado pelas circunstâncias, pois sabe que sua paz vem de algo eterno e imutável.

Capítulo 05

O PROCESSO DE TRANSFORMAÇÃO ESPIRITUAL

A ansiedade como instrumento de crescimento espiritual

A ansiedade, embora muitas vezes vista apenas como algo negativo, pode ser um instrumento valioso de crescimento espiritual quando enfrentada à luz da Palavra de Deus. Em vez de ser apenas um fardo que paralisa e consome, ela pode revelar áreas de nossa vida que ainda precisam ser entregues ao Senhor, nos conduzindo a uma relação mais profunda com ele. As Escrituras nos ensinam que Deus pode usar até mesmo nossas inquietações para moldar nosso caráter e fortalecer nossa fé. Isso nos lembra que, mesmo em meio às preocupações, ele está constantemente trabalhando para nos transformar e ensinar a depender mais de sua graça e cuidado.

A ansiedade frequentemente revela nossa necessidade de controle, evidenciando que, em muitos aspectos, ainda lutamos para confiar plenamente em Deus. Quando nos sentimos ansiosos, temos a oportunidade de examinar nosso coração e refletir: estamos confiando em nossas próprias forças ou estamos entregando tudo nas mãos de Deus? Aprender a confiar é um processo essencial para o crescimento espiritual, pois nos ensina a depender da sabedoria divina e a esperar no tempo certo, em vez de nos apoiarmos apenas em nossa compreensão limitada. Ao colocarmos nossa confiança nele, encontramos segurança e direção, permitindo que sua vontade guie nossos passos com clareza e propósito.

Um aspecto importante é que a ansiedade pode nos ensinar sobre a humildade. Muitas vezes, acreditamos que podemos controlar todas as áreas de nossa vida, mas as preocupações nos mostram que somos limitados e dependemos da graça de Deus. Em 2 Coríntios 12:9, o Senhor disse a

Paulo: *Minha graça é suficiente para você, pois o meu poder se aperfeiçoa na fraqueza.* A ansiedade nos lembra de nossa fragilidade e nos convida a nos render completamente a Deus, permitindo que ele trabalhe em nós e através de nós.

Além disso, a ansiedade pode revelar áreas em que ainda não experimentamos completamente a verdade libertadora do Evangelho. Muitas vezes, preocupamo-nos excessivamente com questões materiais, relacionamentos ou futuro porque ainda não compreendemos plenamente o amor e o cuidado de Deus por nós. Em Mateus 6:25-26, Jesus nos convida a refletir sobre isso: *Portanto, eu lhes digo: não se preocupem com sua própria vida, quanto ao que comer ou beber; nem com seu próprio corpo, quanto ao que vestir. Não é a vida mais importante que a comida, e o corpo mais importante que a roupa? Observem as aves do céu: não semeiam nem colhem nem armazenam em celeiros; contudo, o Pai celestial as alimenta.* Quando aceitamos essa verdade, a ansiedade se torna uma oportunidade para crescer na compreensão do cuidado divino.

A ansiedade também pode ser uma oportunidade para aprendermos a viver um dia de cada vez, confiando na provisão de Deus para cada momento. Esse aprendizado nos desafia a abandonar a necessidade de controle absoluto sobre o futuro e a desenvolver uma dependência diária daquele que sustenta todas as coisas. Ao focarmos no presente e entregarmos cada passo a Deus, encontramos alívio para a alma e aprendemos a desfrutar da paz que vem de uma confiança genuína em seu cuidado constante.

Assim, embora a ansiedade não seja algo que desejamos, podemos enxergá-la como uma oportunidade de crescimento espiritual, um convite divino para aprofundarmos nossa fé, dependência e comunhão com Deus. Em vez de permitir que a ansiedade nos domine, podemos utilizá-la como um lembrete constante de que precisamos entregar nossos fardos ao Senhor e confiar em sua bondade e fidelidade. Quando enfrentamos nossas preocupações à luz da Palavra de Deus, somos moldados à imagem de Cristo e aprendemos a caminhar com mais confiança e serenidade na jornada da fé.

A paciência como fruto da confiança

A ansiedade muitas vezes surge da impaciência em relação ao tempo e aos processos de Deus em nossa vida. Queremos respostas rápidas, soluções imediatas e mudanças instantâneas, mas a Bíblia nos ensina que o crescimento espiritual e a verdadeira paz são forjados nas provações que moldam nosso caráter. A paciência, um dos frutos do Espírito mencionados em Gálatas 5:22, não é algo inato, mas cultivado por meio da confiança em Deus no meio das dificuldades. Tiago 1:2-4 nos exorta: *Meus irmãos, considerem motivo de grande alegria o fato de passarem por diversas provações, pois vocês sabem que a prova da sua fé produz perseverança. E a perseverança deve ter ação completa, a fim de que vocês sejam maduros e íntegros, sem lhes faltar coisa alguma.* Isso nos mostra que, ao enfrentarmos os desafios com fé, desenvolvemos uma paciência que nos fortalece para viver em paz, mesmo em meio às incertezas.

A paciência é a habilidade de esperar com um coração tranquilo, confiando que Deus está no controle, mesmo quando não entendemos seus caminhos. Em Romanos 8:25, lemos: *Mas, se esperamos o que ainda não vemos, aguardamo-lo pacientemente.* Esse versículo nos lembra que, muitas vezes, Deus nos chama a esperar para que possamos aprender a depender dele completamente e experimentar sua paz que transcende nosso entendimento. A ansiedade nos faz querer tomar atalhos, mas a paciência nos ensina a confiar no tempo perfeito de Deus.

As provações que enfrentamos em diferentes áreas da vida (finanças, saúde, relacionamentos e decisões difíceis) são oportunidades para fortalecer nossa confiança no Senhor. José, por exemplo, passou anos enfrentando dificuldades e injustiças antes de ver o cumprimento das promessas de Deus em sua vida. No entanto, em cada etapa de sua jornada, ele permaneceu paciente e fiel, confiando que Deus estava trabalhando nos bastidores. Em Gênesis 50:20, José reconhece: *Vocês planejaram o mal contra mim, mas Deus o tornou em bem para que hoje fosse preservada a vida de muitos.* Sua história nos ensina que a paciência moldada pelas provações nos capacita a enxergar a soberania divina mesmo em tempos difíceis.

Outro exemplo poderoso é Abraão, que esperou anos pela promessa de um filho. Em Hebreus 6:15, está escrito: *E foi assim que, depois de esperar pacientemente, Abraão alcançou a promessa.* Essa passagem nos mostra que a paciência não é uma espera passiva, mas uma confiança ativa, que descansa na fidelidade de Deus e na certeza de que ele cumpre o que promete no tempo certo. Muitas vezes, Deus usa a espera para nos ensinar dependência, humildade e obediência.

A paciência também tem o poder de nos ensinar a viver o presente com gratidão, em vez de nos preocuparmos excessivamente com o futuro. Quando aprendemos a descansar no tempo de Deus, encontramos contentamento no hoje, sabendo que ele está cuidando de cada detalhe. Salmos 37:7 nos instrui: *Descanse no Senhor e aguarde por ele com paciência; não se aborreça com o sucesso dos outros nem com aqueles que maquinam o mal.* Essa orientação nos encoraja a focar na confiança, ao invés da ansiedade, pois Deus é fiel para agir no momento certo.

Além disso, a paciência cultivada nas provações gera um testemunho poderoso. Quando enfrentamos dificuldades com serenidade e fé, mostramos ao mundo que nossa confiança não está nas circunstâncias, mas em Deus. A paz que demonstramos ao esperar pacientemente reflete a obra transformadora do Espírito Santo em nossa vida. Romanos 5:3-4 reforça: *Não só isso, mas também nos gloriamos nas tribulações, porque sabemos que a tribulação produz perseverança; a perseverança, um caráter aprovado; e o caráter aprovado, esperança.* A paciência, portanto, é um processo de amadurecimento que nos prepara para viver com esperança e confiança inabaláveis.

Entregar nossa ansiedade a Deus e permitir que a paciência floresça em nosso coração é um ato de rendição. Significa reconhecer que nossos tempos estão nas mãos do Senhor e que sua vontade é perfeita. 1 Pedro 5:10 nos lembra: *O Deus de toda graça, que os chamou para sua glória eterna em Cristo Jesus, depois de terem sofrido por um pouco de tempo, os restaurará, os confirmará, lhes dará forças e os porá sobre firmes alicerces.* Esse versículo nos assegura que cada provação tem um propósito e que Deus nos fortalecerá no tempo certo.

Assim, as provações que enfrentamos moldam nossa paciência e nos ensinam a confiar em Deus com um coração tranquilo. Quando aprendemos a esperar com fé, experimentamos uma paz que não depende das circunstâncias, mas da certeza de que Deus está trabalhando em nós e por nós, mesmo quando não conseguimos ver. O descanso verdadeiro vem quando entregamos o controle a ele e permitimos que sua vontade se cumpra em nosso tempo de espera.

A submissão ao tempo de Deus

A espera é uma das experiências mais desafiadoras da vida cristã. Vivemos em uma era de imediatismo, onde tudo parece estar ao alcance de um clique, e a paciência se tornou uma virtude rara. No entanto, Deus trabalha em um tempo que não segue os padrões humanos, e aprender a submeter-se ao seu tempo é essencial para desenvolver uma fé madura e experimentar a verdadeira paz. A ansiedade muitas vezes surge da impaciência em ver as promessas de Deus se cumprirem, mas a Bíblia nos ensina que há propósito em cada período de espera. Eclesiastes 3:1 nos lembra: *Para tudo há uma ocasião certa; há um tempo certo para cada propósito debaixo do céu.* Quando compreendemos essa verdade, aprendemos a descansar, confiando que Deus age com sabedoria em cada fase da nossa vida.

A submissão ao tempo de Deus exige humildade, pois reconhecemos que não temos controle sobre os eventos e resultados. Nossa tendência natural é querer antecipar respostas, buscar soluções imediatas e, muitas vezes, tentar resolver as coisas à nossa maneira. No entanto, Isaías 55:8-9 nos lembra: *Pois os meus pensamentos não são os pensamentos de vocês, nem os seus caminhos são os meus caminhos, declara o Senhor. Assim como os céus são mais altos do que a terra, também os meus caminhos são mais altos do que os seus caminhos e os meus pensamentos mais altos do que os seus pensamentos.* Essa passagem nos encoraja a confiar que Deus tem uma perspectiva mais ampla e um plano perfeito, ainda que no momento não possamos compreendê-lo.

A Bíblia está repleta de exemplos de homens e mulheres que precisaram aprender a esperar no Senhor. Abraão, por exemplo, recebeu a promessa de ser pai de uma grande nação, mas esperou muitos anos antes de ver o nascimento de

Isaque. Durante esse tempo de espera, ele enfrentou dúvidas e desafios, mas escolheu confiar em Deus. Romanos 4:20-21 declara: *Mesmo assim, não duvidou, nem foi incrédulo em relação à promessa de Deus; pelo contrário, foi fortalecido na fé e deu glória a Deus, estando plenamente convencido de que ele era poderoso para cumprir o que havia prometido.* A história de Abraão nos ensina que a espera, quando entregue a Deus, fortalece nossa fé e nos prepara para receber suas bênçãos no tempo certo.

Esperar no Senhor também é um exercício de dependência. Quando entregamos nossos desejos e ansiedades a ele, estamos reconhecendo que somente Deus sabe o que é melhor para nós. Salmo 37:7 nos instrui: *Descanse no Senhor e aguarde por ele com paciência; não se aborreça com o sucesso dos outros nem com aqueles que tramam o mal.* Essa passagem nos encoraja a confiar que Deus está agindo, mesmo quando não vemos mudanças imediatas. A espera nos ensina a permanecer firmes na fé, sabendo que o tempo de Deus é sempre perfeito.

Outro aspecto importante da submissão ao tempo de Deus é a necessidade de perseverança. Muitas vezes, a espera não é apenas um período de inatividade, mas um tempo de preparo, crescimento e transformação. Tiago 5:7-8 compara a espera cristã ao trabalho do lavrador: *Sejam pacientes, irmãos, até a vinda do Senhor. Vejam como o agricultor aguarda que a terra produza sua preciosa colheita e como espera com paciência até virem as chuvas do outono e da primavera. Assim também sejam pacientes e fortaleçam o seu coração, pois a vinda do Senhor está próxima.* Assim como um agricultor confia no processo de crescimento das sementes, somos chamados a confiar que Deus está trabalhando em nossas vidas, mesmo quando não percebemos.

A ansiedade muitas vezes nos faz agir precipitadamente, tentando forçar situações e soluções que não estão alinhadas com o tempo de Deus. No entanto, Provérbios 16:9 nos ensina: *Em seu coração o homem planeja o seu caminho, mas o Senhor determina os seus passos.* Esse versículo nos lembra que, por mais que tenhamos planos, é Deus quem guia nossos caminhos, e devemos aprender a confiar nele sem reservas.

Para viver em submissão ao tempo de Deus, é essencial desenvolver uma postura de gratidão e contentamento. Em vez de focar no que ainda não temos, podemos escolher agradecer pelo que já recebemos, confiando que ele está nos conduzindo conforme sua perfeita vontade. O contentamento nos ensina a valorizar cada fase da vida, compreendendo que há propósito em cada circunstância. A gratidão, por sua vez, nos ajuda a manter a paz durante a espera, permitindo-nos enxergar cada momento como uma oportunidade de aprendizado e crescimento.

Assim, aprender a esperar no Senhor é um exercício de fé, rendição e paciência. Quando nos submetemos ao tempo de Deus, experimentamos uma paz que excede o entendimento humano, pois sabemos que ele está no controle de cada detalhe de nossa vida. A espera não é um tempo perdido, mas uma oportunidade para desenvolvermos uma confiança mais profunda em seu amor e fidelidade. Ele nunca se atrasa, e sua vontade é sempre boa, perfeita e agradável para aqueles que nele confiam.

Um novo olhar sobre o futuro

A ansiedade muitas vezes nasce de uma visão limitada do futuro, onde o medo do desconhecido e a incerteza sobre o que está por vir nos paralisam. No entanto, a Bíblia nos ensina que é possível transformar a ansiedade em esperança quando olhamos para o futuro com os olhos da fé, confiando na fidelidade de Deus e em suas promessas. O apóstolo Paulo nos lembra dessa verdade em Romanos 15:13: *Que o Deus da esperança os encha de toda alegria e paz, por sua confiança nele, para que vocês transbordem de esperança, pelo poder do Espírito Santo.* A esperança que vem de Deus não é uma expectativa vazia, mas uma certeza fundamentada no caráter daquele que jamais falha.

A ansiedade nos prende ao presente de forma angustiante, levando-nos a acreditar que o amanhã está repleto de ameaças e incertezas. No entanto, a esperança nos convida a enxergar além das circunstâncias atuais e a confiar que Deus já está no futuro, preparando o caminho para nós. Essa certeza nos consola, pois sabemos que, independentemente das dificuldades que enfrentamos, o futuro está seguro em suas mãos. Quando confiamos em seu plano e cuidado, encontramos paz para viver o presente com mais serenidade e confiança, sabendo que ele tem propósitos de bem para nossas vidas.

Mudar nossa perspectiva em relação ao futuro envolve um processo de renovação da mente. A ansiedade frequentemente nos faz focar em cenários negativos e suposições irreais, enquanto a esperança bíblica nos ensina a fixar os olhos nas promessas eternas. Em Lamentações 3:21-23, o profeta Jeremias expressa essa mudança de perspectiva ao afirmar: *Todavia, lembro-me também do que pode me dar esperança: Graças ao grande amor do Senhor é que não somos consumidos, pois as suas misericórdias são inesgotáveis. Renovam-se a cada manhã; grande é a sua fidelidade!* A esperança nos permite lembrar que, apesar dos desafios do presente, a misericórdia de Deus se renova a cada dia.

Outro aspecto importante para transformar a ansiedade em esperança é confiar na provisão e no cuidado de Deus. Em Mateus 6:31-34, Jesus nos orienta: *Portanto, não se preocupem, dizendo: "Que vamos comer?" ou "Que vamos beber?"*

ou "Que vamos vestir?" Pois os pagãos é que correm atrás dessas coisas; mas o Pai celestial sabe que vocês precisam delas. Busquem, pois, em primeiro lugar o Reino de Deus e a sua justiça, e todas essas coisas lhes serão acrescentadas. Portanto, não se preocupem com o amanhã, pois o amanhã trará suas próprias preocupações. Essas palavras nos ensinam que podemos descansar na certeza de que Deus cuidará de cada detalhe de nossa vida, permitindo-nos viver o presente com confiança e esperança.

A esperança cristã também está enraizada na certeza da presença constante de Deus em nossa jornada. O Salmo 23:1-3 declara: *O Senhor é o meu pastor; de nada terei falta. Em verdes pastagens me faz repousar e me conduz a águas tranquilas; restaura-me o vigor. Guia-me nas veredas da justiça por amor do seu nome.* Esse salmo nos lembra que, mesmo em tempos de incerteza, podemos encontrar descanso ao lado do nosso bom Pastor, que cuida de nós com amor e fidelidade.

Além disso, a esperança nos capacita a enfrentar o futuro com coragem, pois sabemos que Deus transforma até mesmo as situações mais difíceis em oportunidades para que seu propósito se cumpra em nossas vidas. Quando escolhemos confiar que ele está trabalhando em cada detalhe, encontramos forças para seguir adiante, mesmo diante das adversidades. Essa confiança nos permite enxergar além dos desafios imediatos e caminhar com a certeza de que tudo está sob seu perfeito controle.

A oração é uma ferramenta poderosa para fortalecer nossa esperança e combater a ansiedade. Quando apresentamos nossas preocupações a Deus, permitimos que sua paz guarde nossos corações e mentes, trazendo alívio e renovação interior. Esse ato de entrega nos conecta à verdadeira fonte da esperança, fortalecendo nossa confiança no futuro que ele preparou para nós. Através da oração, encontramos serenidade em meio às incertezas e cultivamos uma fé que nos impulsiona a seguir em frente com coragem e gratidão.

Assim, a transição da ansiedade para a esperança envolve uma decisão diária de confiar em Deus, de manter os olhos fixos em suas promessas e de viver com a certeza de que ele está no controle. Quando escolhemos confiar, experimentamos uma paz profunda que nos permite viver com alegria e expectativa, independentemente das circunstâncias.

Portanto, ao lançarmos sobre Deus todas as nossas inquietações e fixarmos nossos olhos na esperança que ele oferece, podemos enfrentar o futuro com serenidade e segurança. A verdadeira esperança não se baseia em circunstâncias favoráveis, mas na fidelidade inabalável de um Deus que nos ama e nos conduz em cada passo da jornada.

Capítulo 06

ANSIEDADE E A COMUNHÃO COM DEUS

A presença de Deus como refúgio na tempestade

A vida frequentemente nos coloca diante de tempestades inesperadas: momentos de incerteza, dor e medo que abalam nossas estruturas e nos fazem questionar se conseguiremos seguir adiante. Nessas horas, a ansiedade surge como uma força avassaladora, tentando nos convencer de que estamos sozinhos e sem saída. No entanto, a Bíblia nos assegura que, mesmo nas circunstâncias mais difíceis, a presença de Deus é o nosso refúgio seguro. O Salmo 46:1 proclama essa verdade: *Deus é o nosso refúgio e a nossa fortaleza, auxílio sempre presente na adversidade.* A consciência da presença divina não apenas acalma nossa ansiedade, mas nos fortalece para enfrentarmos as tempestades com coragem e confiança.

Deus nunca prometeu uma vida isenta de dificuldades, mas garantiu que estaria conosco em cada uma delas. Em Isaías 41:10, lemos: *Por isso não tema, pois estou com você; não tenha medo, pois sou o seu Deus. Eu o fortalecerei e o ajudarei; eu o segurarei com a minha mão direita vitoriosa.* Esse versículo nos ensina que a presença de Deus é mais do que uma ideia reconfortante; é uma realidade poderosa que nos sustenta quando tudo ao redor parece incerto. A ansiedade perde sua força quando compreendemos que não estamos enfrentando as tempestades sozinhos, pois Deus está ao nosso lado, guiando-nos com amor e sabedoria.

A presença de Deus também é um refúgio que traz paz em meio ao caos. A história de Jesus acalmando a tempestade no mar ilustra essa verdade de maneira marcante. Em Marcos 4:39, Jesus repreende o vento e diz ao mar: *Aquieta-se! Acalme-se!* E o vento se aquieta, trazendo grande tranquilidade. Assim como os discípulos, muitas vezes nos desesperamos diante das adversidades, esquecendo-nos de que Cristo está conosco no barco. A presença dele não apenas traz segurança, mas nos lembra de que ele tem autoridade sobre todas as circunstâncias.

A oração é um meio poderoso de experimentar a presença de Deus como refúgio em tempos difíceis. Quando levamos nossas preocupações a ele, encontramos descanso para a alma e um alívio que vai além das circunstâncias. A verdadeira paz, aquela que transcende a compreensão humana, não depende das situações externas, mas nasce da confiança na presença constante de Deus. Ao buscá-lo com sinceridade, recebemos uma serenidade que fortalece nosso coração e nossa mente, permitindo-nos enfrentar os desafios com esperança e segurança.

Outro aspecto fundamental é que a presença de Deus nos oferece direção em meio à tempestade. Quando a ansiedade nos confunde e nos faz perder o rumo, Deus nos guia com sua sabedoria e nos conduz pelo caminho certo. Em Salmo 32:8, Deus promete: *Eu o instruirei e o ensinarei no caminho que você deve seguir; eu o aconselharei e cuidarei de você.* Essa certeza nos permite descansar, sabendo que não precisamos encontrar as respostas sozinhos, pois Deus nos orienta com amor.

A presença de Deus como refúgio também se manifesta na comunhão com outros irmãos em Cristo. A Igreja, o corpo de Cristo, é um instrumento de Deus para nos fortalecer durante os tempos difíceis. Gálatas 6:2 nos ensina: *Levem os fardos pesados uns dos outros e, assim, cumpram a lei de Cristo.* Quando buscamos apoio na comunidade cristã, experimentamos o cuidado de Deus por meio do encorajamento mútuo e do amor fraterno.

A confiança na presença de Deus também nos lembra que as tempestades da vida são temporárias. 2 Coríntios 4:17 nos assegura: *Pois os nossos sofrimentos leves e momentâneos estão produzindo para nós uma glória eterna que pesa mais do que todos eles.* Saber que Deus está presente e que nossos desafios têm um propósito eterno nos ajuda a enfrentar a ansiedade com uma perspectiva celestial.

Assim, ao reconhecermos a presença de Deus como nosso refúgio seguro, encontramos paz, força e direção para enfrentar qualquer tempestade. Ele não nos abandona, mas nos envolve com seu amor e nos conduz em segurança, mesmo quando tudo ao nosso redor parece incerto. A verdadeira paz não está na ausência de dificuldades, mas na certeza de que Deus está conosco em cada passo da jornada.

O silêncio divino e a ansiedade

A ansiedade se intensifica nos momentos em que buscamos a Deus e, aparentemente, não recebemos resposta. O silêncio divino pode ser desconcertante, gerando dúvidas, inquietação e até mesmo o temor de que fomos esquecidos. No entanto, a Bíblia nos ensina que o silêncio de Deus não significa sua ausência, mas, muitas vezes, faz parte do seu plano soberano para moldar nosso coração e fortalecer nossa fé. Em Lamentações 3:25-26, somos lembrados: *O Senhor é bom para com aqueles cuja esperança está nele, para com aqueles que o buscam; é bom esperar tranquilo pela salvação do Senhor.* Aprender a confiar em Deus, mesmo quando ele parece estar em silêncio, é um exercício de fé que nos conduz a uma paz profunda e duradoura.

A experiência de esperar sem respostas pode gerar frustração, medo e desânimo. Perguntas como "Será que Deus me ouviu?" ou "Por que ele demora tanto?" podem nos consumir. No entanto, as Escrituras nos mostram que muitos servos de Deus passaram por períodos de aparente silêncio divino. Jó, por exemplo, enfrentou grande sofrimento e questionou repetidamente a Deus, mas mesmo em meio à sua angústia, declarou: *Ainda que ele me mate, nele esperarei* (Jó 13:15). Essa atitude de confiança nos ensina que, mesmo quando não entendemos os caminhos de Deus, podemos descansar na certeza de que ele está trabalhando nos bastidores.

O silêncio de Deus muitas vezes serve para nos ensinar a depender mais dele e menos de nossas próprias forças. Quando não ouvimos sua voz de forma clara, somos levados a buscar uma comunhão mais profunda, a confiar não no que sentimos, mas na verdade de sua Palavra. Em Isaías 30:15, lemos: *No arrependimento e no descanso está a salvação de vocês; na tranquilidade e na confiança está a sua força.* Deus nos chama a encontrar segurança não na imediata solução de nossos problemas, mas na confiança de que ele está no controle, mesmo quando tudo parece incerto.

Outro motivo pelo qual Deus pode parecer silencioso é porque ele está nos preparando para algo maior. Assim como uma criança precisa de tempo para amadurecer antes de receber certas responsabilidades, Deus muitas vezes trabalha em nosso caráter e fé antes de nos conceder as respostas que buscamos. Em Deuteronômio 8:2, Deus lembra ao povo de Israel: *Lembrem-se de como o Senhor, o seu Deus, os conduziu por todo o caminho no deserto durante estes quarenta anos, para humilhar e pôr à prova, a fim de conhecer o que estava em seu coração.* O silêncio de Deus pode ser um tempo de teste e aprendizado, no qual ele deseja nos ensinar lições valiosas que fortalecerão nossa confiança nele.

Além disso, a ansiedade gerada pelo silêncio de Deus pode ser combatida quando aprendemos a descansar em suas promessas. Salmos 46:10 nos exorta: *Aquietem-se e saibam que eu sou Deus; serei exaltado entre as nações, serei exaltado na terra.* Esse versículo nos ensina que a verdadeira paz vem quando aprendemos a confiar que Deus é soberano e fiel, independentemente de nossa percepção momentânea.

O silêncio de Deus também pode nos ensinar a desenvolver a paciência e a esperar no tempo certo. Em Habacuque 2:3, lemos: *Porque a visão aguarda um tempo designado; ela fala do fim e não falhará. Ainda que demore, espere-a; porque certamente virá e não se atrasará.* Muitas vezes, Deus não responde conforme nossa expectativa porque seu plano está sendo alinhado com o tempo perfeito.

Assim, quando Deus parece silencioso, não devemos permitir que a ansiedade nos domine, mas devemos nos apegar à certeza de que ele está agindo em nosso favor. Seu silêncio nunca é sinal de abandono, mas um convite para confiar mais profundamente nele. Deus trabalha em silêncio, preparando nosso coração e nossas circunstâncias para algo que, no momento certo, se revelará para o nosso bem e para sua glória.

O poder da adoração no combate à inquietação

A inquietação e a ansiedade são forças que tentam dominar nossa mente e coração, desviando nosso foco de Deus para as circunstâncias ao nosso redor. No entanto, a Bíblia nos ensina que a adoração é uma poderosa arma espiritual capaz de transformar nossa perspectiva e trazer paz em meio às turbulências da vida. A adoração nos direciona para quem Deus é, afastando nossos pensamentos das preocupações e nos conduzindo a uma posição de confiança e descanso em sua presença. Em Salmos 29:11, encontramos essa promessa: *O Senhor dá força ao seu povo; o Senhor dá a seu povo a bênção da paz.* Quando escolhemos adorar a Deus, mesmo em meio às dificuldades, experimentamos a paz que só ele pode proporcionar.

As Escrituras estão repletas de exemplos de como a adoração foi usada para vencer a inquietação. O rei Davi, por exemplo, enfrentou inúmeras adversidades, mas escolheu adorar a Deus em todas as circunstâncias. Em Salmos 42:11, ele declara: *Por que você está assim tão triste, ó minha alma? Por que está tão perturbada dentro de mim? Ponha a sua esperança em Deus! Pois ainda o louvarei; ele é o meu Salvador e o meu Deus.* A decisão de Davi de adorar, mesmo em meio à aflição, é um modelo poderoso para enfrentarmos os desafios da vida com confiança e esperança.

Outro exemplo marcante é o de Paulo e Silas, que, mesmo aprisionados e sofrendo injustamente, escolheram adorar a Deus. Atos 16:25 relata: *Por volta da meia-noite, Paulo e Silas estavam orando e cantando hinos a Deus; os outros presos os ouviam.* A adoração não apenas trouxe paz ao coração deles, mas também resultou em uma manifestação sobrenatural do poder de Deus. Esse episódio nos ensina que, quando adoramos, nossas correntes internas se rompem e encontramos liberdade em meio às adversidades.

Além disso, a adoração nos ensina a depender menos de nossas próprias forças e mais do poder de Deus. Muitas vezes, a inquietação surge da sensação de impotência diante das dificuldades, mas quando exaltamos a grandeza de Deus, somos lembrados de que ele é maior do que qualquer problema que possamos enfrentar. Salmos 121:1-2 nos lembra: *Levanto os meus olhos para os montes e pergunto: De onde me vem o socorro? O meu socorro vem do Senhor, que fez os céus e a terra.* A adoração nos eleva da Terra para os Céus, renovando nossa perspectiva e trazendo descanso à alma.

Para experimentar o poder da adoração no combate à inquietação, é necessário desenvolver uma prática constante de louvor, independentemente das emoções do momento. A adoração não é apenas um ato realizado nos momentos de alegria, mas uma postura contínua de entrega e confiança. Hebreus 13:15 nos exorta: *Por meio de Jesus, pois, ofereçamos continuamente a Deus um sacrifício de louvor, que é fruto de lábios que confessam o seu nome.* A adoração, quando praticada com constância, se torna uma âncora para a alma, mantendo-nos firmes mesmo nas tempestades da vida.

Assim, ao escolhermos adorar a Deus em meio às preocupações, somos envolvidos por sua paz que excede todo entendimento. A adoração nos lembra de que Deus é maior do que qualquer desafio, nos fortalece na fé e nos conduz a uma vida de descanso e segurança em sua presença. Quando louvamos, declaramos nossa confiança de que ele está no controle, e essa verdade nos liberta da inquietação e do medo.

A alegria que brota da intimidade com o Pai

A verdadeira alegria não é circunstancial, mas nasce de um relacionamento profundo e íntimo com Deus. Em um mundo marcado pela ansiedade e pela busca incessante por felicidade momentânea, a Bíblia nos ensina que a alegria genuína é um fruto do Espírito e se manifesta quando vivemos em comunhão com o Pai. Quando nos aproximamos de Deus, encontramos uma alegria que não depende de fatores externos, mas que brota do nosso interior, sustentando-nos mesmo em meio às dificuldades. Em Salmos 16:11, Davi declara: *Tu me farás conhecer a vereda da vida, a alegria plena da tua presença, eterno prazer à tua direita.* Esse versículo nos revela que a presença de Deus é a fonte inesgotável de alegria verdadeira.

A ansiedade muitas vezes rouba a nossa alegria, porque nos faz focar nas incertezas e desafios da vida. No entanto, quando cultivamos a intimidade com Deus, experimentamos uma paz que nos permite descansar em sua fidelidade, e essa confiança gera uma alegria autêntica. Filipenses 4:4 nos exorta: *Alegrem-se sempre no Senhor. Novamente direi: alegrem-se!* Paulo escreve essas palavras enquanto estava preso, demonstrando que a alegria verdadeira não está ligada às circunstâncias, mas à presença de Deus em nossa vida.

A intimidade com o Pai nos ensina que a alegria não é apenas um sentimento passageiro, mas uma escolha diária de confiar nele. Em João 15:4-5, Jesus nos convida a permanecer nele como a videira verdadeira: *Permaneçam em mim, e eu permanecerei em vocês. Nenhum ramo pode dar fruto por si mesmo se não permanecer na videira. Vocês também não podem dar fruto se não permanecerem em mim.* Quando escolhemos permanecer em Cristo, somos nutridos por sua presença, e a alegria se torna um fruto natural dessa conexão.

Além disso, a alegria que vem da intimidade com Deus nos fortalece em tempos de provação. Neemias 8:10 nos lembra: *A alegria do Senhor é a nossa força.* Quando enfrentamos desafios, a comunhão com Deus nos dá forças para perseverar, pois sabemos que não estamos sozinhos. Ele caminha conosco, renovando nossas forças e nos dando esperança para seguir adiante.

A oração é um dos principais meios de cultivar essa intimidade e experimentar a alegria do Senhor. Ao nos voltarmos a Deus em oração, abrimos nosso coração para sua paz e somos lembrados de que ele cuida de nós em cada detalhe. 1 Tessalonicenses 5:16-18 nos orienta: *Alegrem-se sempre, orem continuamente, deem graças em todas as circunstâncias, pois esta é a vontade de Deus para vocês em*

Cristo Jesus. A oração constante nos mantém conectados ao Pai e nos ajuda a desenvolver uma perspectiva de gratidão que alimenta a verdadeira alegria.

Outro aspecto essencial da alegria que brota da intimidade com Deus é o contentamento. Quando reconhecemos que ele é suficiente para nós, encontramos satisfação em sua presença, independentemente das circunstâncias externas. Habacuque 3:17-18 ilustra essa verdade ao dizer: *Mesmo que a figueira não floresça e não haja uvas nas videiras, mesmo que falhe a safra de azeitonas e os campos não produzam alimentos, mesmo que não haja ovelhas no curral nem bois nos estábulos, ainda assim eu exultarei no Senhor e me alegrarei no Deus da minha salvação.* Esse contentamento profundo é fruto de uma confiança inabalável na bondade de Deus.

A comunhão diária com Deus também nos leva a enxergar a vida com uma nova perspectiva. Em vez de focarmos no que falta, aprendemos a valorizar as bênçãos diárias e a reconhecer a bondade de Deus em cada detalhe. Salmos 118:24 nos lembra: *Este é o dia que o Senhor fez; regozijemo-nos e alegremo-nos nele.* Essa atitude de alegria é resultado da proximidade com Deus, que nos permite viver cada dia com gratidão e esperança.

Além disso, a alegria da intimidade com Deus é um testemunho poderoso para aqueles ao nosso redor. Quando vivemos em comunhão com ele e refletimos sua alegria, atraímos outros para conhecerem a fonte verdadeira de vida. Mateus 5:16 nos ensina: *Assim brilhe a luz de vocês diante dos homens, para que vejam as suas boas obras e glorifiquem ao Pai de vocês, que está nos céus.* A alegria que nasce da presença de Deus é contagiante e transforma a maneira como enfrentamos os desafios da vida.

Assim, a alegria que brota da intimidade com o Pai é um presente que nos fortalece, nos sustenta e nos capacita a viver com esperança e gratidão. Quando nos aproximamos de Deus, encontramos nele a fonte de alegria inesgotável, que nos permite enfrentar qualquer circunstância com serenidade e confiança. Ele nos convida a buscar sua presença, onde a verdadeira alegria é encontrada, independentemente das situações ao nosso redor.

Capítulo 07

A INFLUÊNCIA DO MUNDO E A PAZ INTERIOR

O impacto das circunstâncias na alma ansiosa

A vida é marcada por constantes mudanças e desafios, e as circunstâncias ao nosso redor exercem uma influência significativa sobre nossa mente e coração. A alma ansiosa é particularmente vulnerável a essas influências, pois tende a reagir de maneira intensa às incertezas e pressões do dia a dia. Problemas financeiros, desafios familiares, instabilidade no trabalho e questões de saúde são apenas alguns dos fatores que podem desencadear inquietação e medo. No entanto, a Bíblia nos ensina que, embora as circunstâncias sejam incontroláveis, nossa resposta a elas pode ser moldada pela confiança em Deus. Em João 16:33, Jesus nos assegura: *Neste mundo vocês terão aflições; contudo, tenham ânimo! Eu venci o mundo.* Esse versículo nos lembra que, apesar das dificuldades, podemos encontrar paz em Cristo.

A ansiedade se intensifica quando depositamos nossa segurança em fatores temporários e instáveis. Se nossa paz está baseada em situações favoráveis, em pessoas ou em bens materiais, ficamos constantemente à mercê das mudanças que fogem do nosso controle. O salmista, ciente dessa realidade, declarou em Salmos 62:5-6: *Somente em Deus, ó minha alma, espera silenciosa, porque dele vem a minha esperança. Somente ele é a rocha que me salva; ele é a minha torre segura; jam[illegible] serei abalado.* Esse texto nos ensina que, ao fixarmos n[illegible] confiança em Deus, encontramos uma âncora para [illegible]a, capaz de nos manter firmes diante das tempestad[illegible]

As circunstâncias difíc[illegible] revelam o que está no mais profundo do nos[illegible] Muitas vezes, enfrentamos crises porque De[illegible] [illegible]os ensinar a depender mais dele e menos de nossos próprios esforços. Quando encaramos as dificuldades à luz da Palavra de Deus, percebemos que elas podem se tornar instrumentos valiosos para o nosso crescimento espiritual e amadurecimento. As provações nos desafiam a desenvolver perseverança e confiança, moldando-nos para uma fé mais sólida e resiliente, capaz de enfrentar os desafios com esperança e determinação.

Outro impacto das circunstâncias na alma ansiosa é a tendência de perder o foco nas promessas de Deus e nos deixar consumir pelo medo do futuro. A ansiedade frequentemente nos leva a imaginar cenários negativos e a preocupar-nos com coisas que talvez nunca aconteçam. No entanto, Jesus nos adverte em Mateus 6:34: *Portanto, não se preocupem com o amanhã, pois o amanhã trará suas próprias preocupações. Basta a cada dia o seu próprio mal.* Ele nos convida a viver o presente confiando que Deus cuidará de cada detalhe da nossa vida.

A resposta à influência das circunstâncias na alma ansiosa está em redirecionar nosso olhar para Deus, permitindo que sua Palavra nos guie e fortaleça. Uma das estratégias mais eficazes para lidar com pensamentos ansiosos é escolher cuidadosamente aquilo que alimenta nossa mente. Quando aprendemos a focar no que é verdadeiro, nobre e edificante, substituímos as incertezas do mundo pela segurança da verdade divina. Essa prática nos conduz a uma paz genuína, que não depende das circunstâncias externas, mas da confiança inabalável no cuidado e na fidelidade de Deus.

Além disso, a comunhão com Deus por meio da oração nos ajuda a encontrar refúgio em tempos de turbulência. Esse relacionamento nos convida a lançar diante dele todas as nossas preocupações, permitindo-nos experimentar uma paz que transcende qualquer compreensão. A oração nos proporciona um espaço para entregar nossos medos e incertezas, confiando plenamente que Deus está no controle de todas as coisas. Assim, ao cultivarmos uma vida de oração, fortalecemos nossa fé e aprendemos a descansar na certeza do cuidado divino.

Assim, apesar do impacto das circunstâncias sobre a alma ansiosa, a confiança em Deus é o caminho para a paz verdadeira. Quando escolhemos depositar nossa esperança nele, em vez de nos deixarmos dominar pelas circunstâncias, experimentamos uma tranquilidade que ultrapassa o entendimento humano. A verdadeira segurança não está em evitar problemas, mas em saber que Deus está conosco em cada desafio que enfrentamos.

A busca por mais nunca basta

Vivemos em uma sociedade que constantemente nos impulsiona a buscar mais: mais bens, mais *status*, mais experiências. O consumismo, alimentado por uma cultura que valoriza a acumulação e a ostentação, cria um ciclo interminável de insatisfação e ansiedade. A promessa de felicidade associada à aquisição de coisas nunca se cumpre plenamente, pois o coração humano foi criado para encontrar satisfação em Deus, e não em posses materiais. Salomão, um dos homens mais ricos e sábios da história, chegou a essa conclusão em Eclesiastes 2:10-11: *Não me neguei nada que os meus olhos desejaram; não me recusei a dar prazer algum ao meu coração. No entanto, ao analisar tudo o que as minhas mãos haviam feito e o trabalho que tanto me esforçara para realizar, percebi que tudo foi inútil, foi correr atrás do vento; não há nenhum proveito no que se faz debaixo do sol.* Essa reflexão nos ensina que a busca incessante por mais nunca basta para preencher o vazio da alma.

A ansiedade associada ao consumismo surge porque o coração humano, sem a direção correta, tende a procurar segurança e identidade nas coisas materiais. Muitas vezes, acreditamos que, ao adquirir determinado bem ou alcançar uma posição desejada, encontraremos paz e realização. No entanto, Jesus nos adverte sobre essa ilusão em Lucas 12:15: *Cuidado! Fiquem de sobreaviso contra todo tipo de ganância; a vida de uma pessoa não consiste na quantidade dos seus bens.* Quando nossa satisfação está condicionada ao que possuímos, nos tornamos reféns do medo da perda e da frustração constante, pois nada neste mundo pode nos oferecer segurança duradoura.

O consumismo também gera um senso de comparação e competição que alimenta a ansiedade. As redes sociais e a publicidade constantemente bombardeiam nossas mentes com imagens de vidas aparentemente perfeitas, levando-nos a acreditar que sempre nos falta algo. Essa comparação incessante pode nos afastar do contentamento e nos fazer esquecer da provisão fiel de Deus. O verdadeiro contentamento não está na posse de bens materiais, mas na confiança de que ele supre cada uma de nossas necessidades no tempo certo. Quando aprendemos a viver com gratidão e a valorizar o que já temos, encontramos uma satisfação genuína que nos liberta da busca incessante por mais.

Outro efeito prejudicial do consumismo é que ele nos distrai do verdadeiro propósito de nossa existência. Fomos criados para glorificar a Deus e viver em comunhão com ele, mas a obsessão por acumular bens materiais nos afasta dessa missão essencial. Quando ajustamos nossas prioridades e colocamos Deus no centro de nossas vidas, encontramos verdadeiro descanso para a alma e liberdade da ansiedade gerada pelo desejo insaciável de sempre ter mais. A busca por um propósito maior nos leva a uma vida de contentamento e significado, baseada na confiança de que tudo o que precisamos nos será providenciado no tempo certo.

A solução para o consumismo e a ansiedade que ele provoca está em aprender a depender de Deus para suprir nossas necessidades e encontrar contentamento naquilo que já temos. Hebreus 13:5 nos aconselha: *Conservem-se livres do amor ao dinheiro e contentem-se com o que vocês têm, porque Deus mesmo disse: "Nunca o deixarei, nunca o abandonarei".* A verdadeira paz vem quando confiamos na provisão divina e reconhecemos que o Senhor é suficiente para nós.

Além disso, é essencial cultivar um estilo de vida de gratidão. Quando focamos no que já recebemos de Deus, afastamos a necessidade de sempre querer mais. A gratidão nos ajuda a perceber as bênçãos diárias e nos lembra que a verdadeira riqueza está na presença de Deus em nossa vida. 1 Tessalonicenses 5:18 nos instrui: *Deem graças em todas as circunstâncias, pois esta é a vontade de Deus para vocês em Cristo Jesus.* A prática da gratidão transforma nossa perspectiva e nos conduz a uma vida mais leve e satisfeita.

Outro caminho para vencer a ansiedade causada pelo consumismo é investir em tesouros eternos. Jesus nos ensina em Mateus 6:19-21: *Não acumulem para vocês tesouros na terra, onde a traça e a ferrugem destroem, e onde os ladrões arrombam e furtam. Mas acumulem para vocês tesouros no céu, onde a traça e a ferrugem não destroem, e onde os ladrões não arrombam nem furtam. Pois onde estiver o seu tesouro, aí também estará o seu coração.* Quando colocamos nosso coração nas coisas eternas, experimentamos uma paz que não pode ser abalada pelas circunstâncias terrenas.

Assim, o consumismo é uma armadilha que nunca trará a satisfação que promete. Somente em Deus podemos encontrar contentamento genuíno, segurança duradoura e uma vida livre da ansiedade gerada pela busca incessante por mais. Quando aprendemos a viver com gratidão e confiança, somos libertos da necessidade de acumular e passamos a viver plenamente na paz que Cristo nos oferece.

A resposta de Deus

Vivemos em um mundo caótico, onde as demandas diárias, as incertezas e os desafios constantes geram inquietação e sobrecarregam nossa mente e coração. Notícias alarmantes, pressões sociais, crises econômicas e problemas pessoais criam um ambiente propício para a ansiedade se instalar e dominar nossos pensamentos. No entanto, em meio a essa tempestade de preocupações, Deus nos oferece uma resposta clara e poderosa: a sua paz, que transcende qualquer entendimento humano. Essa paz não depende das circunstâncias externas, mas é um presente divino que fortalece e guarda nossos corações, permitindo-nos enfrentar os desafios da vida com serenidade e confiança.

A paz que Deus oferece é diferente da paz passageira que o mundo procura. Enquanto a tranquilidade terrena geralmente está atrelada à ausência de problemas, a paz divina transcende as circunstâncias e se manifesta mesmo em meio às adversidades. Para alcançar essa paz, é essencial cultivar uma vida de oração, pois ela nos conecta à verdadeira fonte de serenidade. Quando entregamos nossas preocupações a Deus com gratidão e confiança, experimentamos um descanso que protege nossos corações e mentes, permitindo-nos viver com segurança e esperança, independentemente das situações ao nosso redor.

A resposta de Deus para o caos ao nosso redor também é encontrada em sua Palavra. A Bíblia é um refúgio seguro onde encontramos promessas que nos sustentam e nos lembram de que ele está no controle. Salmos 119:165 afirma: *Grande paz têm os que amam a tua lei; para eles não há tropeço.* Quando meditamos nas Escrituras, renovamos nossa mente e encontramos direção e segurança, independentemente do cenário que enfrentamos. A Palavra de Deus nos ensina que a paz verdadeira é resultado de uma vida entregue ao Senhor e confiante em sua provisão.

Outro aspecto essencial da paz de Deus é a sua presença constante em nossa vida. Mesmo quando tudo ao redor parece incerto, ele nos garante que nunca nos deixará sozinhos. Isaías 41:10 nos lembra: *Por isso não tema, pois estou com você; não tenha medo, pois sou o seu Deus. Eu o fortalecerei e o ajudarei; eu o segurarei com a minha mão direita vitoriosa.* Essa segurança traz serenidade ao nosso coração, pois sabemos que Deus caminha conosco em cada desafio, nos sustentando com sua graça.

A paz interior que Deus nos oferece está diretamente relacionada à confiança em seu plano soberano. Muitas vezes, a ansiedade surge do desejo de controlar tudo ao nosso redor, mas Deus nos convida a descansar em sua perfeita vontade. Quando escolhemos entregar nosso futuro a ele, experimentamos uma paz libertadora, pois sabemos que cada passo é guiado com amor e sabedoria. Confiar plenamente em Deus nos permite viver com mais leveza, reconhecendo que sua direção é sempre segura e que ele cuida de nós em cada detalhe da vida.

Outro meio pelo qual Deus nos concede sua paz é por meio do Espírito Santo. Ele é nosso Consolador e guia, fortalecendo-nos em tempos de tribulação e nos lembrando das promessas de Deus. Romanos 8:6 nos ensina que *a mentalidade da carne é morte, mas a mentalidade do Espírito é vida e paz.* Quando permitimos que o Espírito Santo governe nossos pensamentos e emoções, somos capacitados a viver em tranquilidade, mesmo em meio ao caos.

Além disso, a comunhão com outros cristãos é uma maneira prática de experimentar a paz que Deus oferece. Quando compartilhamos nossos fardos, recebemos apoio, oração e encorajamento para enfrentar as dificuldades com fé e esperança. A vida em comunidade nos fortalece, permitindo que cresçamos juntos e nos apoiemos mutuamente em amor. A Igreja se torna um refúgio onde encontramos força e consolo, aprendendo a caminhar lado a lado, edificando uns aos outros e experimentando a verdadeira paz que vem do relacionamento com Deus e com o próximo.

Assim, a resposta de Deus para o caos do mundo não é uma fuga ou negação dos problemas, mas a oferta de uma paz inabalável que guarda nossos corações e mentes. Essa paz é encontrada na oração, na meditação na Palavra, na confiança em sua soberania, na presença constante do Espírito Santo e na comunhão com o corpo de Cristo. Quando escolhemos descansar em Deus, somos libertos da necessidade de controlar tudo e podemos enfrentar qualquer situação com serenidade e esperança.

Portanto, a verdadeira paz interior não vem da ausência de problemas, mas da presença de Deus em nossa vida. Ele nos convida a confiar nele plenamente e a viver com uma fé que supera o medo, encontrando descanso na certeza de que seu amor e cuidado nos sustentam em todos os momentos.

Guardando o coração

A ansiedade é uma batalha constante que afeta não apenas a mente, mas também o coração, que nas Escrituras é descrito como o centro de nossas emoções, vontades e decisões. Em um mundo repleto de pressões, informações e desafios diários, guardar o coração se torna essencial para proteger-se da ansiedade que tenta nos dominar. A Bíblia nos orienta claramente sobre essa necessidade em Provérbios 4:23: *Acima de tudo, guarde o seu coração, pois dele depende toda a sua vida.* Esse versículo revela que a forma como protegemos nosso interior determina a qualidade de nossa vida espiritual e emocional. Um coração desprotegido é terreno fértil para a inquietação e o medo, mas um coração guardado em Deus encontra paz e segurança.

Guardar o coração significa filtrar os pensamentos e influências externas que podem gerar preocupação e medo desnecessários. Vivemos em uma era onde estamos constantemente expostos a notícias alarmantes, comparações nas redes sociais e padrões inalcançáveis de sucesso e felicidade. Quando nos deixamos levar por essas influências, a ansiedade cresce e o contentamento desaparece. Uma maneira prática de proteger a mente é direcionar nossos pensamentos para aquilo que edifica, fortalece e traz esperança. Focar nas verdades de Deus, em vez das incertezas do mundo, é um passo essencial para preservar o coração e cultivar uma paz genuína que transcende as circunstâncias.

Outro aspecto fundamental para guardar o coração é a vigilância espiritual. Quando negligenciamos a oração e a comunhão com Deus, nos tornamos mais vulneráveis às preocupações da vida e mais suscetíveis às mentiras que alimentam a ansiedade. A prática constante da oração fortalece nosso espírito e nos lembra de que Deus está no controle de todas as coisas, permitindo que nosso coração encontre descanso em sua presença. Estar vigilante e buscar um relacionamento contínuo com ele nos ajuda a enfrentar os desafios diários com confiança e serenidade.

Além disso, guardar o coração envolve o desenvolvimento de uma fé inabalável. A ansiedade cresce quando permitimos que as dúvidas e os medos tomem o lugar da confiança em Deus. Quando mantemos nossa confiança firmemente nele, somos fortalecidos e protegidos contra as tempestades da vida que tentam roubar nossa paz. A verdadeira segurança está em direcionar nossos pensamentos e emoções para a fidelidade divina, permitindo que sua presença traga estabilidade e serenidade, independentemente das circunstâncias.

A gratidão também desempenha um papel essencial na proteção do coração contra a ansiedade. Quando aprendemos a agradecer a Deus por suas bênçãos, mesmo em meio às dificuldades, redirecionamos nosso foco das preocupações para a fidelidade divina. 1 Tessalonicenses 5:18 nos instrui: *Deem graças em todas as circunstâncias, pois esta é a vontade de Deus para vocês em Cristo Jesus.* Um coração grato é menos propenso a ser consumido pela ansiedade, pois reconhece a provisão contínua de Deus.

Outro fator importante é a escolha cuidadosa das influências ao nosso redor. As pessoas com quem convivemos, as mensagens que ouvimos e o ambiente que frequentamos têm um grande impacto sobre nosso estado emocional. Provérbios 13:20 nos alerta: *Quem anda com os sábios será cada vez mais sábio, mas o companheiro dos tolos acabará mal.* Cercar-se de influências que apontam para a fé, esperança e encorajamento é uma forma eficaz de proteger o coração das angústias do mundo.

Além disso, guardar o coração significa confiar no tempo de Deus. Muitas vezes, a ansiedade surge da impaciência e da necessidade de querer controlar o futuro. No entanto, a Palavra de Deus nos ensina em Eclesiastes 3:11: *Ele fez tudo apropriado ao seu tempo; também pôs no coração do homem o anseio pela eternidade.* Quando confiamos no tempo perfeito de Deus, encontramos descanso para a alma e serenidade diante das incertezas da vida.

Assim, proteger o coração da ansiedade exige intencionalidade e disciplina espiritual. Requer uma constante renovação da mente por meio da Palavra, uma vida de oração ativa e um compromisso diário de confiar em Deus em todas as áreas. Quando escolhemos guardar nosso coração com diligência, somos capazes de enfrentar as pressões do mundo com uma paz que transcende o entendimento humano e uma segurança que vem do relacionamento íntimo com Deus.

Portanto, guardar o coração é um convite divino para viver com serenidade e confiança, sabendo que Deus cuida de nós em cada detalhe. A verdadeira paz vem quando nos colocamos sob a proteção do Senhor, filtramos nossas influências e descansamos na certeza de que ele é o nosso refúgio seguro em meio às tempestades da vida.

Capítulo 08

ANSIEDADE E RELACIONAMENTOS

Como a ansiedade afeta nossas relações interpessoais

A ansiedade, quando não controlada, pode afetar significativamente nossas relações interpessoais, prejudicando a maneira como nos conectamos com os outros e como respondemos às situações ao nosso redor. A inquietação constante, o medo do julgamento e a necessidade de controle frequentemente nos levam a agir de forma defensiva, desconfiada ou até mesmo isolada. Esse impacto se torna evidente na dificuldade de confiar, comunicar e cultivar vínculos saudáveis, pois a ansiedade alimenta pensamentos distorcidos e suposições equivocadas sobre nós mesmos e os outros. Provérbios 12:25 nos lembra dessa realidade: *O coração ansioso deprime o homem, mas uma palavra bondosa o anima.* Assim, entender como a ansiedade influencia nossos relacionamentos é o primeiro passo para buscar restauração e harmonia.

Um dos principais efeitos da ansiedade nas relações interpessoais é a hipersensibilidade emocional. Pessoas ansiosas tendem a interpretar mal gestos, palavras e expressões, percebendo ameaças onde elas não existem. Esse comportamento pode gerar mal-entendidos, ressentimentos e afastamento, pois a ansiedade cria um filtro negativo que distorce a realidade. No entanto, ao aprendermos a lidar com nossos receios por meio da confiança em Deus, encontramos clareza e serenidade para interpretar as situações com mais equilíbrio e sabedoria. A entrega de nossas preocupações a ele nos permite substituir a inquietação pela paz que fortalece nossos relacionamentos e nos ajuda a agir com discernimento e compreensão.

Outro efeito prejudicial da ansiedade nos relacionamentos é a tendência ao isolamento. O medo de rejeição ou julgamento pode levar a pessoa ansiosa a evitar interações sociais, criando barreiras que impedem o desenvolvimento de amizades e relacionamentos significativos. A Bíblia nos ensina, no entanto, que fomos criados para viver em comunhão. Em Gênesis 2:18, Deus disse: *Não é bom que o homem esteja só; farei para ele alguém que o auxilie e lhe corresponda.* Quando permitimos que a ansiedade nos afaste das pessoas, estamos indo contra o propósito de Deus de vivermos em unidade e apoio mútuo.

Além disso, a ansiedade pode nos levar a buscar aprovação constante dos outros, gerando uma dependência emocional prejudicial. O desejo de ser aceito e de corresponder às expectativas alheias pode nos tornar excessivamente preocupados com a opinião dos outros, resultando em um desgaste emocional significativo. No entanto, a Palavra de Deus nos lembra que nossa identidade e valor estão em Cristo, e não nas aprovações humanas. Gálatas 1:10 declara: *Acaso busco eu agora a aprovação dos homens, ou a de Deus? Ou estou tentando agradar a homens? Se eu ainda estivesse procurando agradar a homens, não seria servo de Cristo.* A confiança em Deus nos liberta da necessidade de agradar a todos e nos permite viver relacionamentos autênticos.

A ansiedade também pode nos tornar controladores nas relações, pois tentamos evitar incertezas buscando garantir que tudo saia conforme planejado. Isso pode gerar conflitos, pois a necessidade de controle pode ser interpretada como falta de confiança e gerar ressentimentos. Tiago 4:13-15 nos ensina: *Agora, prestem atenção, vocês que dizem: "Hoje ou amanhã iremos para esta ou aquela cidade, passaremos um ano ali, faremos negócios e ganharemos dinheiro". Vocês nem sabem o que lhes acontecerá amanhã!* Reconhecer que não temos controle total sobre a vida nos ajuda a confiar mais em Deus e a permitir que os relacionamentos fluam de maneira natural e saudável.

A maneira como lidamos com o estresse também afeta diretamente nossos relacionamentos. Quando estamos ansiosos, podemos ser mais reativos, impacientes e facilmente irritáveis, o que compromete a harmonia nos lares, amizades e ambientes de trabalho. No entanto, a Bíblia nos exorta a cultivar um espírito manso e paciente. Efésios 4:2 nos instrui: *Sejam completamente humildes e dóceis, e sejam pacientes, suportando uns aos outros com amor.* A prática da paciência e do amor nos ajuda a construir relacionamentos sólidos e resilientes.

Para superar os desafios que a ansiedade impõe às relações interpessoais, precisamos nos aproximar de Deus e buscar sua orientação em cada interação. A oração é uma ferramenta poderosa para nos ajudar a lidar com a insegurança e a buscar sabedoria para nos relacionarmos de maneira saudável. Tiago 1:5 nos assegura: *Se algum de vocês tem falta de sabedoria, peça a Deus, que a todos dá livremente, de boa vontade; e lhe será concedida.* Ao confiar em Deus, encontramos força para enfrentar nossos medos e desenvolver relacionamentos baseados em amor e confiança.

Assim, ao compreendermos como a ansiedade afeta nossas relações interpessoais, podemos tomar medidas práticas para entregar nossas preocupações a Deus, cultivar a confiança em sua soberania e buscar relacionamentos pautados pelo amor e pela paz. A verdadeira transformação acontece quando escolhemos substituir a inquietação pela fé, permitindo que Deus cure nossas inseguranças e nos capacite a viver em harmonia com aqueles ao nosso redor.

O amor lança fora o medo

A ansiedade tem o poder de minar nossos relacionamentos, criando barreiras de medo e insegurança que impedem a construção de vínculos saudáveis. O receio de rejeição, o medo do fracasso e a constante preocupação com o julgamento dos outros nos fazem agir defensivamente, afastando-nos das pessoas ao nosso redor. No entanto, a Bíblia nos oferece uma resposta poderosa para essa realidade: o amor. Em 1 João 4:18, lemos: *No amor não há medo; ao contrário, o perfeito amor expulsa o medo, porque o medo supõe castigo. Aquele que tem medo não está aperfeiçoado no amor.* Esse versículo revela que o amor de Deus é capaz de dissipar as inseguranças e nos permitir experimentar relacionamentos mais autênticos e livres da ansiedade.

O amor bíblico não se baseia em sentimentos passageiros, mas em uma decisão consciente de confiar, servir e edificar o outro. Quando entendemos que somos amados incondicionalmente por Deus, somos libertos da necessidade de buscar validação constante nas pessoas. Romanos 8:38-39 nos lembra dessa segurança inabalável: *Pois estou convencido de que nem morte nem vida, nem anjos nem demônios, nem o presente nem o futuro, nem quaisquer poderes, nem altura nem profundidade, nem qualquer outra coisa na criação será capaz de nos separar do amor de Deus que está em Cristo Jesus, nosso Senhor.* Essa convicção nos dá a base para construir relacionamentos saudáveis, livres da pressão de corresponder a expectativas irreais.

A construção de vínculos saudáveis exige que aprendamos a confiar nos outros, e isso só se torna possível quando, primeiramente, depositamos nossa confiança em Deus. A ansiedade muitas vezes nos leva a enxergar os relacionamentos com desconfiança, interpretando ações e palavras de forma negativa. No entanto, quando entregamos nossas incertezas a Deus, somos capacitados a construir laços baseados na verdade e não no medo. Confiar nele nos permite desenvolver relacionamentos mais genuínos, fortalecidos pela segurança de que, independentemente das circunstâncias, ele nos guia com amor e sabedoria.

Outro fator essencial para construir vínculos saudáveis é a disposição de perdoar. A ansiedade nos leva a acumular mágoas e ressentimentos, por medo de sermos feridos novamente. No entanto, a Palavra de Deus nos ensina que o amor verdadeiro perdoa e busca a reconciliação. Colossenses 3:13 nos exorta: *Suportem-se uns aos outros e perdoem as queixas que tiverem uns contra os outros. Perdoem como o Senhor lhes perdoou.* O perdão é um ato de confiança em Deus, que nos liberta do peso da ansiedade e abre espaço para relacionamentos genuínos.

A humildade também desempenha um papel fundamental na construção de vínculos saudáveis. A ansiedade frequentemente nos faz querer manter uma imagem perfeita, temendo que qualquer falha nos torne indignos de amor e aceitação. No entanto, Filipenses 2:3 nos orienta: *Nada façam por ambição egoísta ou por vaidade, mas, humildemente, considerem os outros superiores a si mesmos.* Quando escolhemos agir com humildade, reconhecendo nossas fragilidades e aceitando as imperfeições dos outros, criamos um ambiente seguro onde o amor pode florescer.

Além disso, o amor que lança fora o medo nos ensina a estabelecer limites saudáveis nos relacionamentos. Muitas vezes, a ansiedade nos faz ter dificuldade em dizer "não", por medo de desagradar ou perder o afeto de alguém. No entanto, Provérbios 4:23 nos lembra: *Acima de tudo, guarde o seu coração, pois dele depende toda a sua vida.* Proteger nossa saúde emocional e espiritual, sem nos sobrecarregar com expectativas irreais, é uma forma de viver o amor de maneira equilibrada.

A construção de vínculos saudáveis também exige paciência. Relacionamentos não são edificados da noite para o dia; eles demandam tempo, esforço e dedicação. Cultivar conexões significativas requer humildade, compreensão e a disposição de lidar com as diferenças com amor e tolerância. Quando permitimos que Deus nos molde por meio da paciência, experimentamos o crescimento e o fortalecimento das nossas relações, aprendendo a valorizar cada etapa do processo e a desenvolver laços mais profundos e duradouros.

Por fim, o amor de Deus nos capacita a sermos canais de paz e segurança nos relacionamentos. Quando refletimos o amor de Cristo em nossas interações, criamos um ambiente onde a confiança pode ser cultivada e a ansiedade é substituída pela segurança. João 13:34-35 diz: *Um novo mandamento lhes dou: Amem-se uns aos outros. Como eu os amei, vocês devem amar-se uns aos outros. Com isso todos saberão que vocês são meus discípulos, se vocês se amarem uns aos outros.* A demonstração do amor de Deus em nossas relações nos torna testemunhas vivas da transformação que ele realiza em nós.

Assim, construir vínculos saudáveis é um processo contínuo de confiar em Deus, praticar o amor incondicional, perdoar e estabelecer limites equilibrados. Quando permitimos que o amor de Deus lance fora o medo, encontramos liberdade para viver relacionamentos autênticos, repletos de confiança, respeito e paz.

Perdão e descanso

A ansiedade frequentemente encontra terreno fértil nas mágoas do passado. Feridas não resolvidas, ofensas acumuladas e ressentimentos não tratados criam um ciclo de inquietação emocional que nos aprisiona em um estado constante de angústia e preocupação. No entanto, a Bíblia nos ensina que o caminho para a verdadeira paz está no perdão. Quando escolhemos perdoar, liberamos o peso do passado e encontramos descanso para nossa alma através da clara instrução de Jesus, tendo isso referência em Mateus 6:14: *Pois se perdoarem as ofensas uns dos outros, o Pai celestial também lhes perdoará.* O perdão é uma decisão que traz libertação tanto para quem perdoa quanto para quem é perdoado.

A falta de perdão alimenta a ansiedade porque mantém a mente presa em eventos passados, impedindo-nos de viver plenamente o presente e de confiar no futuro. Muitas vezes, guardamos mágoas acreditando que assim estaremos nos protegendo de novas feridas, mas, na realidade, estamos apenas prolongando o sofrimento. Em Efésios 4:31-32, Paulo nos adverte: *Livrem-se de toda amargura, indignação e ira, gritaria e calúnia, bem como de toda maldade. Sejam bondosos e compassivos uns para com os outros, perdoando-se mutuamente, assim como Deus os perdoou em Cristo.* O perdão é um chamado para abandonar a carga da amargura e abraçar a paz que Deus oferece.

O ato de perdoar não significa minimizar a dor causada, mas reconhecer que Deus é o justo juiz e confiar a ele a restauração. Romanos 12:19 nos lembra: *Não se vinguem, meus amados, mas deixem com Deus a ira, pois está escrito: "Minha é a vingança; eu retribuirei", diz o Senhor.* Quando liberamos o desejo de justiça própria, experimentamos um descanso profundo, pois confiamos que Deus cuidará de todas as coisas no seu tempo e maneira perfeitos.

Além disso, o perdão é um ato de fé. Muitas vezes, nossa carne resiste ao perdão porque queremos ver mudanças imediatas, mas a Palavra de Deus nos ensina que a cura do coração é um processo contínuo. Colossenses 3:13 nos instrui:

Suportem-se uns aos outros e perdoem as queixas que tiverem uns contra os outros. Perdoem como o Senhor lhes perdoou. Assim como Deus nos perdoou generosamente, somos chamados a refletir esse mesmo amor em nossas relações, mesmo quando não sentimos vontade de fazê-lo.

Outro aspecto fundamental do perdão é o descanso que ele proporciona quando perdoamos, deixando de carregar o fardo emocional das lembranças dolorosas, permitindo que a paz de Deus preencha o espaço antes dominado pela ansiedade. A verdadeira liberdade está em entregar nossas dores a ele e permitir que suas mãos curem nossas feridas. Ao escolhermos perdoar, encontramos alívio para a alma e abrimos caminho para uma vida mais leve, repleta de serenidade e renovação interior.

No entanto, o perdão não é apenas uma decisão isolada, mas um estilo de vida. A ansiedade pode ressurgir quando velhas lembranças voltam à tona, mas ao escolher perdoar repetidamente, declaramos que a paz de Deus tem mais autoridade sobre nossa vida do que as feridas do passado. O perdão contínuo nos protege das tentações da amargura e da ansiedade recorrente, permitindo que nosso coração e nossa mente permaneçam guardados pela serenidade que vem de uma entrega constante ao amor divino. Dessa forma, encontramos liberdade e renovação, vivendo com leveza e confiança.

Um coração que perdoa também experimenta uma comunhão mais profunda com Deus e com os outros. A falta de perdão cria barreiras nos relacionamentos e nos distancia da presença divina, mas a reconciliação nos aproxima do coração do Pai. Em 2 Coríntios 5:18, lemos: *Tudo isso provém de Deus, que nos reconciliou consigo mesmo por meio de Cristo e nos deu o ministério da reconciliação.* Quando perdoamos, refletimos o caráter de Deus e restauramos os laços que foram quebrados pelo pecado e pela dor.

Além disso, a prática do perdão nos ajuda a crescer espiritualmente. Cada vez que escolhemos perdoar, estamos exercitando nossa confiança em Deus e nos tornando mais semelhantes a Cristo. Efésios 4:2 nos ensina: *Sejam completamente humildes e dóceis, e sejam pacientes, suportando uns aos outros com amor.* O processo de perdão fortalece nossa fé, molda nosso caráter e nos capacita a viver uma vida cheia de graça e misericórdia.

Assim, o perdão é a chave para encontrar descanso e libertação das mágoas passadas. Quando escolhemos perdoar, permitimos que Deus remova as amarras da ansiedade e substitua a inquietação por sua paz perfeita. Ele nos convida a deixar o passado nas mãos dele e a viver uma vida de amor, reconciliação e esperança.

Portanto, ao perdoarmos, encontramos descanso para nossa alma e nos libertamos das correntes emocionais que nos prendiam. Deus nos chama a abandonar o peso do passado e a caminhar em sua graça, confiantes de que ele restaura, cura e nos conduz a uma vida de paz e plenitude.

A comunhão na Igreja como fonte de encorajamento

A ansiedade pode nos levar ao isolamento, fazendo-nos acreditar que estar sozinhos é a melhor maneira de lidar com nossos medos e inseguranças. No entanto, a Palavra de Deus nos ensina que fomos criados para viver em comunhão, e a Igreja desempenha um papel essencial como fonte de encorajamento, apoio e fortalecimento. Em Hebreus 10:24-25, encontramos uma exortação clara sobre a importância da comunhão: *E consideremos uns aos outros para nos incentivarmos ao amor e às boas obras. Não deixemos de reunir-nos, como alguns estão fazendo, mas encorajemo-nos uns aos outros.* A Igreja não é apenas um local de adoração, mas um refúgio onde podemos encontrar apoio emocional e espiritual para enfrentar os desafios da vida.

A comunhão cristã é uma expressão do amor de Deus, que se manifesta através do cuidado mútuo e do encorajamento. Quando estamos ansiosos, nossos pensamentos frequentemente nos isolam, criando uma barreira que nos impede de buscar ajuda. No entanto, Deus usa a comunidade de fé para nos lembrar de que não estamos sozinhos. Em Romanos 12:10, Paulo nos instrui: *Dediquem-se uns aos outros com amor fraternal. Prefiram dar honra aos outros mais do que a si próprios.* Esse amor compartilhado dentro da Igreja nos fortalece e nos ajuda a carregar os fardos que sozinhos seriam insuportáveis.

Além do apoio emocional, a Igreja nos proporciona crescimento espiritual por meio da edificação mútua. O ambiente de comunhão permite que compartilhemos experiências, testemunhos e aprendamos juntos a confiar em Deus. Em Provérbios 27:17, lemos: *Assim como o ferro afia o ferro, o homem afia o seu companheiro.* A interação com outros cristãos nos desafia a crescer na fé, a desenvolver paciência e a fortalecer nossa confiança em Deus, combatendo a ansiedade com a verdade de sua Palavra.

Outro aspecto fundamental da comunhão na Igreja é a intercessão. Quando compartilhamos nossas lutas e ansiedades com os irmãos em Cristo, encontramos alívio ao saber que somos lembrados em oração. Tiago 5:16 nos encoraja: *Portanto, confessem os seus pecados uns aos outros e orem uns pelos outros para serem curados. A oração de um justo é poderosa e eficaz.* O suporte em oração da comunidade cristã nos dá forças para enfrentar as dificuldades e renova nossa esperança nas promessas de Deus.

A Igreja também nos ajuda a reorientar nosso foco, retirando nossa atenção das preocupações para a adoração. Quando nos reunimos em adoração coletiva, somos lembrados da grandeza de Deus e de sua fidelidade. Em Salmos 34:3, lemos: *Proclamem a grandeza do Senhor comigo; juntos exaltemos o seu nome.* A adoração em comunidade nos encoraja a confiar mais em Deus e menos em nossas próprias forças, ajudando--nos a substituir a ansiedade pela confiança em sua soberania.

Outro benefício da comunhão na Igreja é a possibilidade de servir. Quando nos envolvemos ativamente no serviço ao próximo, encontramos propósito e significado, que são fundamentais para combater a ansiedade. Gálatas 6:2 nos instrui: *Levem os fardos pesados uns dos outros e, assim, cumpram a lei de Cristo.* O ato de servir nos lembra que podemos ser instrumentos de Deus na vida de outras pessoas e que há um propósito maior do que nossas preocupações.

A comunhão também nos oferece encorajamento por meio da Palavra de Deus ensinada e pregada. O ensino bíblico fortalece nossa fé e renova nossa mente, ajudando-nos a substituir pensamentos ansiosos por verdades eternas. Romanos 10:17 nos diz: *Consequentemente, a fé vem por ouvir a mensagem, e a mensagem é ouvida mediante a palavra de Cristo.* A exposição constante à Palavra de Deus na Igreja nos equipa para enfrentar os desafios diários com uma mentalidade transformada.

Por fim, a comunhão na Igreja nos lembra de que somos parte do corpo de Cristo, onde cada membro tem um papel importante. 1 Coríntios 12:27 afirma: *Ora, vocês são o corpo de Cristo, e cada um de vocês, individualmente, é membro desse corpo.* Quando entendemos nosso papel na comunidade cristã, encontramos um senso de pertencimento que nos fortalece contra as mentiras da ansiedade que tentam nos fazer sentir sozinhos ou sem valor.

Assim, a comunhão na Igreja é um presente divino que nos ajuda a enfrentar a ansiedade com encorajamento, amor e suporte mútuo. Ao nos envolvermos com o corpo de Cristo, experimentamos a paz que vem da unidade, do serviço e da oração, sabendo que Deus usa sua Igreja como um meio para cuidar de nós.

Portanto, escolher viver em comunhão é uma decisão sábia que nos permite crescer espiritualmente, receber encorajamento em tempos difíceis e experimentar a presença de Deus de forma tangível por meio do amor dos irmãos. A verdadeira paz se manifesta quando caminhamos juntos, edificando uns aos outros e confiando que Deus está presente em cada passo da jornada.

Capítulo 09

ESTRATÉGIAS BÍBLICAS PARA SUPERAR A ANSIEDADE

A disciplina espiritual e o descanso na Palavra

A ansiedade é uma batalha que frequentemente se trava em nossa mente e coração, alimentada pelas incertezas e pressões da vida. No entanto, Deus nos oferece uma poderosa arma para encontrar descanso e paz: a disciplina espiritual. Cultivar uma vida espiritual disciplinada nos ajuda a enfrentar os desafios com serenidade, colocando nossa confiança em Deus e permitindo que sua Palavra transforme nossos pensamentos e emoções. Salmos 119:165 nos lembra: *Grande paz têm os que amam a tua lei; para eles não há tropeço.* A verdadeira paz não vem da ausência de problemas, mas da certeza de que a Palavra de Deus é um alicerce firme e inabalável.

A disciplina espiritual envolve práticas constantes, como a leitura e a meditação na Palavra de Deus, a oração e a obediência aos seus ensinamentos. Em Josué 1:8, o Senhor dá uma instrução clara sobre a importância de se firmar na Palavra: *Não deixe de falar as palavras deste Livro da Lei e de meditar nelas de dia e de noite, para que você cumpra fielmente tudo o que nele está escrito. Só então os seus caminhos prosperarão e você será bem-sucedido.* A constância na meditação bíblica renova nossa mente e nos ajuda a substituir pensamentos ansiosos por promessas divinas de segurança e esperança.

O descanso verdadeiro não é encontrado na fuga das responsabilidades ou na busca de conforto momentâneo, mas na confiança plena na fidelidade de Deus, que se revela em sua Palavra. Jesus nos oferece essa promessa em Mateus 11:28-29: *Venham a mim, todos os que estão cansados e sobrecarregados, e eu lhes darei descanso. Tomem sobre vocês o meu jugo e aprendam de mim, pois sou manso e humilde de coração, e vocês encontrarão descanso para suas almas.* O estudo contínuo das Escrituras nos ensina a confiar mais em Deus e menos em nossas próprias forças, encontrando nele a verdadeira paz.

Além disso, a disciplina espiritual nos ajuda a manter o foco correto em tempos de tribulação. A ansiedade nos leva a fixar os olhos nos problemas, mas a Palavra de Deus nos ensina a olhar para Cristo, o autor e consumador da nossa fé. Hebreus 12:2 nos orienta: *Olhando para Jesus, autor e consumador da nossa fé, o qual, pelo gozo que lhe estava proposto, suportou a cruz, desprezando a ignomínia, e assentou-se à destra do trono de Deus.* Quando escolhemos praticar a disciplina de meditar na Palavra, nossa perspectiva muda, e encontramos forças para perseverar.

A prática da leitura bíblica nos dá segurança porque revela o caráter imutável de Deus. Suas promessas nos asseguram que ele está no controle de todas as coisas, mesmo quando a vida parece caótica. Isaías 40:8 declara: *A relva murcha e as flores caem, mas a palavra de nosso Deus permanece para sempre.* Essa verdade nos ajuda a descansar, sabendo que, independentemente das circunstâncias, a fidelidade de Deus é eterna e inabalável.

Outro aspecto importante da disciplina espiritual é a prática da obediência à Palavra. Não basta apenas conhecê-la; é essencial aplicá-la em nossa vida diária. Quando vivemos de acordo com os ensinamentos bíblicos, experimentamos a paz que surge da submissão à vontade de Deus e da certeza de que estamos seguindo o caminho certo. A obediência nos fortalece espiritualmente, permitindo-nos enfrentar os desafios com confiança e desenvolver um relacionamento mais profundo com ele, baseado na fé e na prática constante de sua verdade.

A disciplina espiritual também envolve a perseverança, mesmo quando não vemos resultados imediatos. A ansiedade muitas vezes nos leva a buscar soluções rápidas, mas o crescimento espiritual é um processo contínuo que exige paciência e fidelidade. Gálatas 6:9 nos incentiva: *E não nos cansemos de fazer o bem, pois no tempo próprio colheremos, se não desanimarmos*. A constância na leitura da Palavra e na oração nos fortalece dia após dia, preparando-nos para enfrentar qualquer desafio com confiança.

Assim, o descanso na Palavra de Deus é um convite à entrega total e à confiança em suas promessas. Quando cultivamos uma vida de disciplina espiritual, encontramos segurança, direção e paz, sabendo que Deus é fiel para cumprir tudo o que prometeu.

Portanto, devemos nos esforçar diariamente para nos alimentar da Palavra, sabendo que nela encontramos o verdadeiro descanso e a força necessária para vencer a ansiedade. Quanto mais nos aprofundamos no conhecimento de Deus, mais percebemos que ele é a nossa verdadeira fonte de paz e segurança.

O papel da gratidão no cultivo da paz

A ansiedade frequentemente nos leva a focar no que falta, nas incertezas do futuro e nas dificuldades do presente, obscurecendo nossa visão sobre as bênçãos que já recebemos. Em contraste, a gratidão nos ensina a reconhecer as dádivas de Deus em nossa vida e a cultivar uma paz que transcende as circunstâncias. A Bíblia nos orienta repetidamente sobre a importância da gratidão como uma resposta ao cuidado de Deus e como um antídoto contra a ansiedade. Em 1 Tessalonicenses 5:16-18, lemos: *Alegrem-se sempre, orem continuamente, deem graças em todas as circunstâncias, pois esta é a vontade de Deus para vocês em Cristo Jesus*. A gratidão nos conduz à paz, porque nos lembra de que Deus está no controle e que suas misericórdias se renovam a cada manhã.

A falta de gratidão alimenta a ansiedade, pois nos mantém presos a um ciclo de insatisfação e inquietação. Quando não reconhecemos as bênçãos diárias, tendemos a viver em um estado de constante preocupação e insaciável desejo por mais. No entanto, a gratidão está diretamente relacionada à paz interior, pois nos ajuda a mudar o foco das preocupações para as inúmeras demonstrações de cuidado divino em nossa vida. A prática da gratidão nos permite direcionar nossos pensamentos para aquilo que Deus já fez, preenchendo nossa mente com esperança e contentamento, e nos capacita a enfrentar os desafios com uma perspectiva mais positiva e confiante.

A gratidão também muda nossa perspectiva sobre as dificuldades da vida. Em vez de vermos os desafios como fardos insuportáveis, passamos a enxergá-los como oportunidades de crescimento e fortalecimento da nossa fé. Tiago 1:2-3 nos exorta: *Meus irmãos, considerem motivo de grande alegria o fato de passarem por diversas provações, pois vocês sabem que a prova da sua fé produz perseverança.* Quando escolhemos ser gratos mesmo nas adversidades, encontramos paz em saber que Deus está trabalhando em nosso caráter e cumprindo seu propósito em nós.

Outro aspecto importante da gratidão é que ela nos ajuda a confiar mais em Deus. Quando reconhecemos as pequenas e grandes bênçãos que recebemos diariamente, somos lembrados da fidelidade divina ao longo de nossa vida. O Salmo 103:2 nos aconselha: *Bendiga o Senhor a minha alma, não esqueça nenhuma de suas bênçãos!* Essa prática de recordar o que Deus já fez fortalece nossa fé e nos dá segurança para enfrentar o futuro sem ansiedade.

A gratidão também influencia nossos relacionamentos interpessoais. Uma pessoa grata tende a ser mais generosa, paciente e amorosa, promovendo um ambiente de paz ao seu redor. Colossenses 3:15 nos instrui: *Que a paz de Cristo seja o juiz em seus corações, visto que vocês foram chamados para viver em paz, como membros de um só corpo. E sejam agradecidos.* Quando aprendemos a expressar gratidão por aqueles ao nosso redor, cultivamos relacionamentos mais saudáveis e harmoniosos.

Além disso, a prática constante da gratidão nos ajuda a redirecionar nosso foco para Deus, em vez de fixarmos nossos olhos nas preocupações do mundo. Quando reconhecemos que tudo o que temos vem dele, somos libertos da necessidade de controlar cada detalhe da nossa vida. Em Salmos 100:4, somos convidados: *Entrem por suas portas com ações de graças e em seus átrios com louvor; deem-lhe graças e bendigam o seu nome.* A adoração e a gratidão caminham juntas, proporcionando uma vida de descanso e confiança em Deus.

Para cultivar a gratidão de forma prática, podemos desenvolver hábitos diários como listar bênçãos, agradecer a Deus em oração por cada detalhe da vida e expressar reconhecimento às pessoas ao nosso redor. Quando fazemos isso de maneira intencional, estamos fortalecendo nossa mente contra os ataques da ansiedade e nos posicionando para receber a paz que só Deus pode oferecer. Como diz o Salmo 92:1: *Como é bom render graças ao Senhor e cantar louvores ao teu nome, ó Altíssimo.*

Por fim, a gratidão nos ensina a viver com contentamento, aceitando cada fase da vida com um coração tranquilo e satisfeito. O apóstolo Paulo nos dá um exemplo poderoso de contentamento em Filipenses 4:11-12: *Aprendi a adaptar-me a toda e qualquer circunstância. Sei o que é passar necessidade e sei o que é ter fartura; aprendi o segredo de viver contente em toda e qualquer situação.* O segredo do contentamento está em confiar plenamente que Deus suprirá cada necessidade conforme a sua vontade e no seu tempo.

Assim, o papel da gratidão no cultivo da paz é inegável. Quando escolhemos agradecer em todas as circunstâncias, experimentamos uma paz que não depende do que temos ou do que falta, mas da certeza de que Deus é bom, fiel e está presente em cada detalhe de nossa vida. A gratidão nos conduz à verdadeira paz, permitindo-nos viver de forma leve, confiantes na provisão e no cuidado do Pai celestial.

Portanto, que possamos desenvolver um coração grato, reconhecendo a bondade de Deus em cada detalhe e desfrutando da paz que vem de saber que Ele está no controle. A gratidão é uma chave poderosa para vencer a ansiedade e viver uma vida de descanso e confiança no Senhor.

Como a meditação bíblica transforma a mente ansiosa

A ansiedade frequentemente nasce da batalha travada em nossa mente, onde pensamentos negativos, medos e preocupações incessantes dominam nosso coração. A Palavra de Deus nos ensina que a verdadeira transformação da mente acontece por meio da meditação bíblica, um processo contínuo de renovação que substitui a inquietação pelas verdades eternas de Deus. Em Romanos 12:2, Paulo nos instrui: *Não se amoldem ao padrão deste mundo, mas transformem-se pela renovação da sua mente, para que sejam capazes de experimentar e comprovar a boa, agradável e perfeita vontade de Deus.* A meditação na Palavra é uma ferramenta poderosa para vencer a ansiedade e encontrar paz em Deus.

Meditar na Palavra de Deus não é apenas ler superficialmente as Escrituras, mas refletir profundamente sobre seus ensinamentos, permitindo que eles moldem nossos pensamentos e emoções. O Salmo 1:2-3 descreve a bem-aventurança daquele que pratica a meditação constante: *Sua satisfação está na lei do Senhor, e nessa lei medita dia e noite. Ele é como árvore plantada à beira de águas correntes: dá fruto no tempo certo e suas folhas não murcham. Tudo o que ele faz prospera.* Quando meditamos regularmente nas promessas de Deus, desenvolvemos raízes profundas que nos sustentam mesmo diante das tempestades da vida.

A meditação bíblica também nos ajuda a discernir a verdade em meio às mentiras que a ansiedade tenta implantar em nossa mente. A ansiedade frequentemente nos convence de que estamos sozinhos, desamparados e sem esperança, mas a Palavra de Deus nos garante exatamente o contrário. Josué 1:9 nos lembra: *Não fui eu que lhe ordenei? Seja forte e corajoso! Não se apavore, nem se desanime, pois o Senhor, o seu Deus, estará com você por onde você andar.* Ao meditarmos nessas verdades, nossa perspectiva muda, e a confiança em Deus cresce.

Outro aspecto poderoso da meditação bíblica é que ela nos ensina a substituir pensamentos ansiosos por verdades eternas. Filipenses 4:8 nos orienta sobre como direcionar nossa mente: *Finalmente, irmãos, tudo o que for verdadeiro, tudo o que for nobre, tudo o que for correto, tudo o que for puro, tudo o que for amável, tudo o que for de boa fama, se algo é excelente ou digno de louvor, pensem nessas coisas.* A prática regular da meditação na Palavra nos ajuda a redirecionar nossa mente para pensamentos edificantes, combatendo a ansiedade com as promessas de Deus.

Além disso, a meditação bíblica nos ajuda a lembrar da fidelidade de Deus no passado, fortalecendo nossa confiança para o futuro. Quando revisitamos as promessas cumpridas e os testemunhos das Escrituras, somos encorajados a continuar confiando em Deus em meio às incertezas. Salmos 77:11 diz: *Recordarei os feitos do Senhor; lembro-me das tuas maravilhas do passado.* Essa prática nos ajuda a reconhecer que Deus tem sido fiel e continuará a ser, dissipando o medo que a ansiedade tenta instaurar.

A prática da meditação na Palavra também nos aproxima mais de Deus e de sua paz. Jesus afirmou em João 14:27: *Deixo-lhes a paz; a minha paz lhes dou. Não a dou como o mundo a dá. Não se perturbem os seus corações, nem tenham medo.* A meditação na Palavra nos leva a experimentar essa paz prometida, pois nos lembra constantemente da presença de Deus em nossa vida.

Para que a meditação bíblica seja eficaz contra a ansiedade, é necessário um comprometimento diário. Criar o hábito de separar momentos do dia para refletir sobre a Palavra de Deus permite que ela se torne uma fonte constante de conforto e orientação. Meditar em versículos que falam sobre a paz de Deus, seu cuidado e sua fidelidade nos ajuda a manter a mente firme na verdade e afastada das preocupações desnecessárias.

Assim, a transformação da mente ansiosa acontece quando escolhemos substituir pensamentos de medo pelas verdades da Palavra de Deus. A meditação bíblica nos dá força para enfrentar as dificuldades com confiança, sabendo que o Senhor está conosco em cada passo. Quando enchemos nossa mente com as promessas divinas, encontramos descanso para nossa alma e uma paz que transcende toda compreensão.

Portanto, a meditação bíblica não é apenas uma prática espiritual, mas um recurso divino para renovar nossa mente e trazer a verdadeira paz que só Deus pode oferecer. Quanto mais mergulhamos na Palavra, mais experimentamos a transformação e aprendemos a viver livres da ansiedade, descansando plenamente na fidelidade de Deus.

A importância da vigilância e da oração constante

A ansiedade muitas vezes encontra espaço em nossa vida quando negligenciamos a vigilância e a prática constante da oração. Em um mundo repleto de desafios, distrações e pressões, é fácil permitir que a mente se encha de preocupações e temores, desviando nosso foco daquilo que realmente importa: nossa comunhão com Deus. No entanto, a Bíblia nos instrui repetidamente a permanecer vigilantes e perseverantes na oração, pois é por meio desse relacionamento contínuo com Deus que encontramos paz e direção. Em 1 Pedro 5:8, somos advertidos: *Estejam alertas e vigiem. O diabo, o inimigo de vocês, anda ao redor como leão, rugindo e procurando a quem possa devorar.* A vigilância espiritual é essencial para impedir que a ansiedade tome conta de nossos corações.

A oração constante é o meio pelo qual nos mantemos conectados com Deus e colocamos diante dele nossas preocupações, recebendo sua paz em troca. Filipenses 4:6-7 nos encoraja: *Não andem ansiosos por coisa alguma, mas em tudo, pela oração e súplicas, e com ação de graças, apresentem seus pedidos a Deus. E a paz de Deus, que excede todo entendimento, guardará os seus corações e as suas mentes em Cristo Jesus.* A oração não é apenas uma prática espiritual, mas um refúgio para a alma ansiosa, um lugar onde podemos entregar nossas inquietações e encontrar descanso no Senhor.

A vigilância espiritual envolve estar atento às estratégias do inimigo que busca semear dúvidas, medos e distrações que nos afastam de Deus. Jesus nos ensinou essa verdade em Mateus 26:41: *Vigiem e orem para que não caiam em tentação. O espírito está pronto, mas a carne é fraca.* Muitas vezes, a ansiedade cresce em nosso coração porque não estamos vigilantes sobre os pensamentos que permitimos habitar nossa mente. Ao permanecermos atentos e em oração, podemos discernir os ataques do inimigo e rejeitar os pensamentos que não estão alinhados com a Palavra de Deus.

A oração constante também fortalece nossa fé, lembrando-nos das promessas de Deus e de sua fidelidade em meio às adversidades. Em Lucas 18:1, Jesus contou uma parábola para ensinar que *devemos orar sempre e nunca desanimar.* A perseverança na oração nos ajuda a manter nossa confiança em Deus, mesmo quando as circunstâncias não mudam imediatamente. A oração nos permite caminhar com esperança, sabendo que Deus está ouvindo e agindo em nosso favor no tempo certo.

Outro aspecto essencial da vigilância e da oração é que elas nos ajudam a manter o coração sensível à direção de Deus. Muitas vezes, a ansiedade surge quando tentamos controlar tudo ao nosso redor, esquecendo-nos de que o Senhor tem um plano perfeito para nossa vida. Provérbios 3:5-6 nos orienta: *Confie no Senhor de todo o seu coração e não se apoie em seu próprio entendimento; reconheça o Senhor em todos os seus caminhos, e ele endireitará as suas veredas.* A oração constante nos ensina a depender de Deus e a descansar na sua vontade.

Além disso, a vigilância nos ajuda a identificar áreas da nossa vida que precisam ser entregues a Deus. Muitas vezes, lutamos contra a ansiedade porque não entregamos completamente nossos medos ao Senhor. O Salmo 55:22 nos convida: *Entregue suas preocupações ao Senhor, e ele o susterá; jamais permitirá que o justo venha a cair.* A prática diária da vigilância espiritual nos leva a reconhecer as áreas em que precisamos confiar mais em Deus e menos em nossas próprias forças.

A oração também nos fortalece emocionalmente e espiritualmente, proporcionando uma comunhão mais profunda com Deus. Através dela, somos capacitados a resistir às tentações de ceder ao medo e à insegurança. Efésios 6:18 nos instrui a *orar no Espírito em todas as ocasiões, com toda oração e súplica, tendo isso em mente: estejam atentos e perseverem na oração por todos os santos.* Essa prática nos fortalece para enfrentar cada dia com coragem e confiança.

Por fim, a vigilância e a oração constante nos ajudam a cultivar uma mente em paz e focada em Deus. Em Colossenses 4:2, somos exortados: *Dedique-se à oração, estejam alertas e sejam agradecidos.* Quando permanecemos em uma atitude de oração e gratidão, nossos corações se tornam menos propensos à ansiedade e mais inclinados à confiança em Deus.

Assim, a vigilância e a oração não são apenas recomendações bíblicas, mas são armas espirituais poderosas que nos permitem vencer a ansiedade e viver em paz. Quando escolhemos permanecer alertas e buscar a presença de Deus continuamente, encontramos força, esperança e direção para enfrentar qualquer desafio que a vida nos apresente.

Portanto, manter uma vida de oração constante e uma vigilância atenta é essencial para experimentar a verdadeira paz que vem de Deus. Ele nos convida a confiar, vigiar e permanecer em sua presença, onde encontramos segurança, força e descanso para nossa alma.

Capítulo 10

PAZ ETERNA EM DEUS

A esperança futura

A ansiedade é um fardo que acompanha a humanidade desde a queda, gerando preocupações, medos e inquietações que parecem não ter fim. No entanto, para aqueles que confiam em Deus, há uma esperança futura que promete o fim definitivo da ansiedade e a plenitude da paz. A Bíblia nos assegura que um dia todas as dores e angústias serão removidas, e viveremos em perfeita comunhão com o Senhor. Apocalipse 21:4 traz uma promessa consoladora: *Ele enxugará dos seus olhos toda lágrima. Não haverá mais morte, nem tristeza, nem choro, nem dor, pois a antiga ordem já passou.* Essa perspectiva transforma a maneira como enfrentamos as dificuldades da vida presente, oferecendo-nos uma âncora de esperança em meio às tempestades.

A esperança futura que temos em Cristo nos lembra de que este mundo é passageiro e que nossas aflições não são permanentes. Paulo expressa essa verdade em 2 Coríntios 4:17-18: *Pois os nossos sofrimentos leves e momentâneos estão produzindo para nós uma glória eterna que pesa mais do que todos eles. Assim, fixamos os olhos, não naquilo que se vê, mas no que não se vê, pois o que se vê é transitório, mas o que não se vê é eterno.* Quando compreendemos que as lutas que enfrentamos são temporárias e que a eternidade nos reserva uma paz inabalável, aprendemos a lidar com a ansiedade de forma diferente, confiando que Deus tem um plano maior.

A certeza da vida eterna nos liberta do medo do desconhecido e da insegurança quanto ao futuro. Jesus nos dá essa segurança em João 14:1-3, dizendo: *Não se perturbem os seus corações. Creiam em Deus; creiam também em mim. Na casa de meu Pai há muitas moradas; se não fosse assim, eu lhes teria dito. Vou preparar-lhes lugar.* Saber que Cristo está preparando um lugar para nós nos dá tranquilidade em meio às incertezas da vida terrena, pois sabemos que nossa verdadeira morada está com ele.

Outro aspecto essencial dessa esperança futura é a promessa da transformação completa de nosso ser. Nossas limitações humanas, nossos medos e fragilidades serão substituídos por um novo corpo glorificado, livre das aflições deste mundo. Filipenses 3:20-21 nos garante: *Mas a nossa cidadania está nos céus, de onde esperamos ansiosamente um Salvador, o Senhor Jesus Cristo. Pelo poder que o capacita a colocar tudo sob seu domínio, ele transformará nossos corpos humilhados, para serem semelhantes ao seu corpo glorioso.* Essa transformação não apenas elimina a ansiedade, mas nos concede uma nova perspectiva sobre a vida presente.

A esperança futura nos convida a viver com os olhos fixos no que é eterno, em vez de nos deixarmos consumir pelas preocupações terrenas. Colossenses 3:2 nos orienta: *Mantenham o pensamento nas coisas do alto, e não nas coisas terrenas.* Quando concentramos nossa mente nas promessas de Deus, encontramos força para perseverar e enfrentamos as dificuldades com uma confiança renovada de que algo muito maior nos aguarda.

Essa certeza também nos ensina a viver com um propósito maior, compreendendo que cada passo nesta vida tem um impacto na eternidade. Jesus nos convida a direcionar nossas prioridades para aquilo que é eterno, confiando que todas as nossas necessidades serão supridas no tempo certo. Quando alinhamos nossos corações com os propósitos divinos, a ansiedade perde seu domínio, pois aprendemos a confiar plenamente no cuidado e na provisão de Deus. Essa confiança nos conduz a uma vida de contentamento e paz, independentemente das circunstâncias ao nosso redor.

A esperança futura é um convite para descansarmos na soberania de Deus, entregando-lhe nossas preocupações e vivendo com fé. Hebreus 6:19 descreve essa esperança como uma âncora firme para a alma: *Temos essa esperança como âncora da alma, firme e segura, a qual adentra o santuário interior por trás do véu.* Essa âncora nos mantém firmes mesmo quando enfrentamos as tempestades da vida, garantindo-nos que nada pode nos separar do amor de Deus.

Além disso, essa esperança nos impulsiona a encorajar outros, compartilhando com eles a promessa da vida eterna em Cristo. 1 Pedro 3:15 nos desafia: *Estejam sempre preparados para responder a qualquer pessoa que lhes pedir a razão da esperança que há em vocês.* Ao testemunharmos sobre essa esperança, ajudamos outras pessoas a encontrarem alívio para suas ansiedades e a se voltarem para Deus em busca de paz.

Assim, a esperança futura que temos em Cristo é a resposta definitiva para a ansiedade, pois nos assegura que um dia viveremos em perfeita harmonia com nosso Criador, livres de toda inquietação e temor. Quando fixamos nossos olhos nessa promessa, somos capacitados a enfrentar as incertezas da vida com coragem, sabendo que Deus está preparando algo muito maior para nós.

Portanto, viver com a perspectiva da eternidade nos fortalece, nos dá esperança e nos permite experimentar a paz que excede todo entendimento. A ansiedade perde seu poder quando colocamos nossa confiança no Senhor e na certeza de que, um dia, toda inquietação será transformada em plenitude diante da glória de Deus.

A promessa do novo Céu e da nova Terra

A ansiedade muitas vezes surge da percepção de que vivemos em um mundo imperfeito, cheio de dor, sofrimento e incertezas. No entanto, a Bíblia nos apresenta uma promessa gloriosa que traz consolo e esperança: a vinda de um novo Céu e uma nova Terra, onde a ansiedade e as tribulações não mais existirão. Essa promessa nos lembra que as dificuldades desta vida são temporárias e que Deus está preparando algo infinitamente melhor para aqueles que nele confiam. Em Apocalipse 21:1-3, João escreve: *Então vi novos céus e nova terra, pois o primeiro céu e a primeira terra tinham passado; o mar já não existia. Vi a Cidade Santa, a nova Jerusalém, que descia dos céus, da parte de Deus, preparada como uma noiva adornada para o seu marido. Ouvi uma forte voz que vinha do trono e dizia: "Agora o tabernáculo de Deus está com os homens, com os quais ele viverá. Eles serão os seus povos; o próprio Deus estará com eles e será o seu Deus."*

A promessa do novo Céu e da nova Terra nos oferece uma perspectiva transformadora, pois nos mostra que a vida terrena é apenas uma preparação para a eternidade. A ansiedade perde sua força quando compreendemos que este mundo passageiro não é nosso destino final. Em 2 Pedro 3:13, encontramos essa certeza: *Todavia, de acordo com a sua promessa, esperamos novos céus e nova terra, onde habita a justiça.* Esse futuro glorioso nos lembra que toda injustiça, dor e inquietação serão substituídas por justiça, paz e alegria na presença de Deus.

A esperança de um novo Céu e uma nova Terra também nos convida a viver com propósito e expectativa. Ao invés de nos consumirmos com as preocupações do presente, somos chamados a manter nosso olhar fixo na eternidade. Colossenses 3:2 nos instrui: *Mantenham o pensamento nas coisas do alto, e não nas coisas terrenas.* Quando meditamos nessa promessa, encontramos ânimo para perseverar, sabendo que Deus está conduzindo todas as coisas para um final glorioso.

Outro aspecto essencial dessa promessa é a remoção completa de tudo aquilo que hoje gera ansiedade e sofrimento. A Palavra de Deus garante que, no novo Céu e nova Terra, não haverá mais dor, pranto ou tristeza. Apocalipse 21:4 declara: *Ele enxugará dos seus olhos toda lágrima. Não haverá mais morte, nem tristeza, nem choro, nem dor, pois a antiga ordem já passou.* Essa promessa nos dá segurança para enfrentar os desafios da vida com coragem, sabendo que, um dia, toda ansiedade será transformada em plenitude e descanso eterno.

Além disso, a nova criação será marcada pela presença plena de Deus. Hoje, experimentamos sua presença de forma espiritual e, muitas vezes, limitada por nossa condição terrena, mas no novo Céu e nova Terra estaremos face a face com ele. Em 1 Coríntios 13:12, Paulo nos lembra: *Agora, pois, vemos apenas um reflexo obscuro, como em espelho; mas então veremos face a face.* A certeza dessa comunhão eterna com Deus dissipa as ansiedades do presente e nos enche de paz.

A promessa do novo Céu e da nova Terra também nos encoraja a viver com uma fé perseverante, aguardando com paciência o cumprimento das promessas de Deus. Romanos 8:18 nos lembra: *Considero que os nossos sofrimentos atuais não podem ser comparados com a glória que em nós será revelada.* Quando nos apegamos a essa esperança, encontramos forças para enfrentar cada desafio com confiança, sabendo que a glória vindoura será infinitamente maior do que qualquer aflição momentânea.

Outro efeito transformador dessa promessa é a motivação para vivermos de maneira santa e irrepreensível diante de Deus. Sabendo que um novo Céu e uma nova Terra nos aguardam, devemos nos esforçar para viver de forma alinhada com os valores do Reino. Em 2 Pedro 3:11, somos desafiados: *Uma vez que tudo será assim desfeito, que tipo de pessoas é necessário que vocês sejam? Vivam de maneira santa e piedosa.* Esse chamado nos ajuda a combater a ansiedade com uma vida de obediência e confiança em Deus.

A promessa do novo Céu e da nova Terra também nos convida a compartilhar essa esperança com outros. Em um mundo marcado pela incerteza e pelo medo, somos chamados a proclamar a mensagem de que Deus está preparando algo novo para aqueles que o amam. Mateus 28:19-20 nos encoraja a compartilhar essa esperança: *Portanto, vão e façam discípulos de todas as nações, batizando-os em nome do Pai, do Filho e do Espírito Santo, ensinando-os a obedecer a tudo o que lhes ordenei. E eu estarei sempre com vocês, até o fim dos tempos.* Quando compartilhamos essa esperança, fortalecemos nossa fé e encorajamos outros a confiar em Deus.

Assim, a promessa do novo Céu e da nova Terra é uma âncora para a alma ansiosa, pois nos assegura que a vida terrena é apenas uma passagem para a glória eterna. Deus tem preparado um futuro perfeito, onde reinaremos com ele em justiça, amor e paz.

Portanto, que essa promessa nos inspire a viver com gratidão, perseverança e expectativa, sabendo que um dia desfrutaremos da plenitude da presença de Deus, onde toda ansiedade será substituída pela perfeita paz eterna.

O Reino de Deus dentro de nós

A ansiedade frequentemente nasce da sensação de que estamos à mercê das circunstâncias, sem controle sobre o presente e incertos quanto ao futuro. No entanto, a Bíblia nos ensina que o Reino de Deus não é apenas uma realidade futura, mas uma verdade presente que transforma nossa maneira de viver e enxergar o mundo. Jesus declarou em Lucas 17:21: *O Reino de Deus está entre vocês.* Essa afirmação revela que, embora aguardemos a manifestação plena do Reino na eternidade, já podemos experimentar sua paz e segurança agora, vivendo sob o senhorio de Cristo.

A presença do Reino de Deus dentro de nós traz uma paz que não é circunstancial, mas espiritual, fundamentada na certeza de que pertencemos a um Rei soberano e amoroso. Filipenses 4:7 nos assegura: *E a paz de Deus, que excede todo entendimento, guardará os seus corações e as suas mentes em Cristo Jesus.* Essa paz transcende a compreensão humana porque não depende do que acontece ao nosso redor, mas da presença contínua de Deus em nós, operando em nossos corações por meio do Espírito Santo.

A realidade do Reino de Deus dentro de nós nos convida a viver de acordo com os valores eternos, substituindo a ansiedade pela confiança plena em seu governo soberano. Jesus nos instruiu a priorizar essa realidade em Mateus 6:33: *Busquem, pois, em primeiro lugar o Reino de Deus e a sua justiça, e todas essas coisas lhes serão acrescentadas.* Quando colocamos Deus no centro de nossa vida e buscamos sua vontade, encontramos descanso para nossa alma, pois sabemos que Ele cuida de cada detalhe de nossas necessidades.

O Reino de Deus também nos traz uma nova perspectiva sobre o sofrimento e as dificuldades. A ansiedade frequentemente nos faz focar nas perdas e desafios, mas a Palavra de Deus nos lembra de que seu Reino é inabalável, e nele encontramos força para enfrentar qualquer situação. Hebreus 12:28 declara: *Portanto, já que estamos recebendo um Reino inabalável, sejamos agradecidos e, assim, adoremos a Deus de maneira aceitável, com reverência e temor.* Essa convicção nos ajuda a viver com gratidão e confiança, sabendo que a obra de Deus em nós é firme e segura.

Outro aspecto importante do Reino de Deus dentro de nós é que ele transforma nossos corações, levando-nos a uma vida de paz e justiça. Romanos 14:17 nos ensina: *Pois o Reino de Deus não é comida nem bebida, mas justiça, paz e alegria no Espírito Santo.* Quando permitimos que o Espírito Santo governe nossas vidas, experimentamos uma paz profunda que nos fortalece e nos capacita a enfrentar os desafios da vida com serenidade.

A presença do Reino dentro de nós também nos lembra de que não estamos sozinhos em nossa caminhada. Deus nos chamou para fazer parte de sua família, o corpo de Cristo, onde encontramos apoio e encorajamento. Efésios 2:19 afirma: *Portanto, vocês já não são estrangeiros nem forasteiros, mas cidadãos dos santos e membros da família de Deus.* Essa comunhão nos ajuda a manter o foco na esperança do Reino, mesmo quando as preocupações tentam nos desviar.

Além disso, a certeza da paz presente e futura no Reino de Deus nos encoraja a viver com propósito e intencionalidade. Sabemos que nossas ações e decisões não são em vão, pois fazemos parte de um plano eterno. 1 Coríntios 15:58 nos encoraja: *Portanto, meus amados irmãos, mantenham-se firmes e que nada os abale. Sejam sempre dedicados à obra do Senhor, pois vocês sabem que, no Senhor, o trabalho de vocês não será inútil.* Essa certeza nos fortalece diante das incertezas da vida e nos motiva a continuar servindo a Deus com alegria e dedicação.

A promessa do Reino de Deus dentro de nós nos leva a um compromisso de vigilância e expectativa. Sabemos que a plenitude desse Reino ainda está por vir, mas enquanto isso, somos chamados a refletir sua luz e viver como embaixadores de Cristo no mundo. 2 Coríntios 5:20 declara: *Portanto, somos embaixadores de Cristo, como se Deus estivesse fazendo o seu apelo por nosso intermédio.* Essa missão nos mantém focados no propósito divino, em vez de permitirmos que a ansiedade tome o controle de nossas vidas.

Por fim, o Reino de Deus dentro de nós nos assegura que, independentemente das circunstâncias externas, temos uma fonte inesgotável de paz e esperança. Isaías 9:7 nos diz: *Ele estenderá o seu domínio, e haverá paz sem fim sobre o trono de Davi e sobre o seu reino, estabelecido e mantido com justiça e retidão, desde agora e para sempre.* Quando vivemos com essa perspectiva, enfrentamos a vida com coragem e serenidade, certos de que a paz de Deus nos acompanha hoje e por toda a eternidade.

Assim, a certeza do Reino de Deus presente em nós nos liberta da ansiedade e nos enche de esperança para o futuro. Ao vivermos sob o senhorio de Cristo, experimentamos uma paz que excede a compreensão, pois sabemos que nosso Rei governa com amor e justiça.

Portanto, ao reconhecermos que o Reino de Deus já está presente em nós, podemos viver livres da ansiedade, com os olhos fixos na eternidade, certos de que a paz prometida por Deus é uma realidade para hoje e para sempre.

Descansando plenamente na fidelidade de Deus

Descansar plenamente na fidelidade de Deus é o antídoto definitivo contra a ansiedade que tantas vezes domina nossos corações. Em um mundo marcado por incertezas e mudanças constantes, a fidelidade divina permanece como um alicerce firme e inabalável. A Bíblia nos assegura repetidamente que Deus é fiel em todas as suas promessas e que podemos confiar nele em todas as circunstâncias. Em Lamentações 3:22-23, encontramos essa verdade consoladora: *Graças ao grande amor do Senhor é que não somos consumidos, pois as suas misericórdias são inesgotáveis. Renovam-se cada manhã; grande é a tua fidelidade!* Essa certeza nos convida a entregar nossas preocupações nas mãos de Deus e a viver com uma confiança tranquila em sua soberania.

A ansiedade frequentemente surge quando tentamos carregar fardos que não fomos chamados a suportar. Queremos controlar o futuro, garantir resultados e evitar qualquer forma de sofrimento, mas a Palavra de Deus nos ensina a lançar sobre ele todas as nossas ansiedades. 1 Pedro 5:7 nos exorta: *Lancem sobre ele toda a sua ansiedade, porque ele tem cuidado de vocês.* Descansar na fidelidade de Deus significa reconhecer que ele cuida de cada detalhe de nossa vida e que podemos confiar em seu amor e provisão.

A fidelidade de Deus é demonstrada ao longo de toda a Escritura, desde a criação até a redenção em Cristo. Ele cumpriu cada promessa feita ao seu povo, mostrando que sua palavra é verdadeira e imutável. Números 23:19 declara: *Deus não é homem para que minta, nem filho de homem para que se arrependa. Acaso ele fala e deixa de agir? Acaso promete e deixa de cumprir?* Ao meditar nessa realidade, somos encorajados a descansar no fato de que Deus sempre cumprirá o que prometeu.

Outro aspecto fundamental de descansar na fidelidade de Deus é entender que ele trabalha todas as coisas para o nosso bem, mesmo quando não compreendemos seus caminhos. Romanos 8:28 nos assegura: *Sabemos que Deus age em todas as coisas para o bem daqueles que o amam, dos que foram chamados segundo o seu propósito.* Essa promessa nos permite descansar, sabendo que Deus está no controle e que seus planos são superiores aos nossos.

A confiança na fidelidade de Deus também nos ensina a esperar com paciência. Muitas vezes, a ansiedade surge porque queremos respostas imediatas, mas a Bíblia nos chama a confiar no tempo de Deus. Salmos 37:7 nos instrui: *Descanse no Senhor e aguarde por ele com paciência; não se aborreça com o sucesso dos outros, nem com aqueles que maquinam o mal.* O descanso verdadeiro acontece quando entregamos nossos anseios a Deus e esperamos nele com serenidade.

Além disso, a fidelidade de Deus nos proporciona segurança em meio às incertezas da vida. Enquanto o mundo muda constantemente, Deus permanece o mesmo, e isso nos dá estabilidade. Hebreus 13:8 afirma: *Jesus Cristo é o mesmo, ontem, hoje e para sempre.* Saber que podemos contar com Deus em qualquer circunstância nos dá coragem para enfrentar os desafios da vida sem sermos consumidos pela preocupação.

Outro benefício de descansar na fidelidade de Deus é a paz que guardará nossos corações e mentes. Quando escolhemos confiar em Deus, somos libertos da necessidade de controlar tudo e podemos experimentar a paz que excede todo entendimento. Isaías 26:3 nos diz: *Tu guardarás em perfeita paz aquele cujo propósito está firme, porque em ti confia.* Essa paz não é fruto da ausência de problemas, mas da presença constante de Deus em nossa vida.

A fidelidade de Deus também se manifesta através de sua provisão diária. Ele conhece nossas necessidades antes mesmo de pedirmos e cuida de nós com amor de Pai. Mateus 6:31-32 nos lembra: *Portanto, não se preocupem, dizendo: "Que vamos comer?" ou "Que vamos beber?" ou "Que vamos vestir?" Pois os pagãos é que correm atrás dessas coisas; mas o Pai celestial sabe que vocês precisam delas.* Quando confiamos na provisão de Deus, nossa ansiedade cede lugar à gratidão.

Por fim, descansar na fidelidade de Deus nos capacita a viver com esperança, sabendo que ele já preparou um futuro de paz para nós. Jeremias 29:11 nos assegura: *"Porque sou eu que conheço os planos que tenho para vocês"*, diz o Senhor, *"planos de fazê-los prosperar e não de lhes causar dano, planos de dar-lhes esperança e um futuro."* Essa promessa nos lembra que podemos caminhar em segurança, pois Deus está conduzindo cada passo de nossa jornada.

Assim, descansar plenamente na fidelidade de Deus é uma escolha diária: entregar nossas preocupações a ele, confiar em suas promessas e viver com uma fé que supera as ansiedades do presente. Quando decidimos descansar em sua fidelidade, encontramos uma paz verdadeira, que nos sustenta em todas as situações.

Portanto, que possamos aprender a lançar nossas ansiedades sobre Deus, confiar em seu amor constante e viver cada dia na certeza de que ele é fiel para cumprir tudo o que prometeu. A verdadeira paz não está na ausência de problemas, mas na presença constante de um Deus que nunca falha.

CONCLUSÃO

Chegamos ao final desta jornada, mas a transformação que Deus deseja realizar em sua vida está apenas começando. Ao longo destas páginas, você foi desafiado a entregar suas ansiedades ao Senhor, a confiar em suas promessas e a experimentar a paz que só ele pode oferecer. A ansiedade pode ter tentado dominar sua mente e coração, mas agora você sabe que há um caminho de liberdade, sustentado pela fidelidade de Deus.

A verdadeira paz não é encontrada na ausência de problemas, mas na certeza de que Deus caminha ao seu lado, sustentando-o em cada passo. Você foi chamado a viver uma vida onde a confiança substitui o medo, e a fé é maior do que as incertezas. Cada promessa de Deus é uma âncora firme, capaz de mantê-lo seguro mesmo diante das tempestades da vida. Ele é fiel, e suas misericórdias são renovadas a cada manhã.

O desafio agora é colocar em prática tudo o que aprendeu. A transformação acontece quando aplicamos as verdades de Deus em nosso dia a dia, quando escolhemos confiar em vez de temer, orar em vez de nos preocupar, e descansar na certeza de que o Senhor cuida de nós. Lembre-se de que a caminhada com Deus é diária e progressiva; não se desanime diante das dificuldades, mas continue firme, sabendo que cada passo de fé o aproxima mais da plenitude da paz que vem do Pai.

Que esta não seja apenas mais uma leitura, mas um marco em sua vida. Que você se levante diariamente com a convicção de que é possível viver uma vida livre da ansiedade, confiando plenamente naquele que sustenta todas as coisas. Deus está com você, e sua paz está disponível para ser experimentada em cada detalhe da sua vida. Agora é sua vez de viver essa verdade, de confiar, descansar e caminhar na esperança que só ele pode dar.